Pour La Bibliothèque
Impériale

DE LA
RESTAURATION
POLITIQUE
DE
L'EUROPE ET DE LA FRANCE.

PAR M. DE FLASSAN,

AUTEUR DE L'HISTOIRE DE LA DIPLOMATIE FRANÇAISE.

PARIS,

J. G. DENTU, IMPRIMEUR-LIBRAIRE,

Rue du Pont de Lodi, n° 3, près le Pont Neuf ;

Et au Palais-Royal, galeries de bois, n°ˢ 265 et 266.

1814.

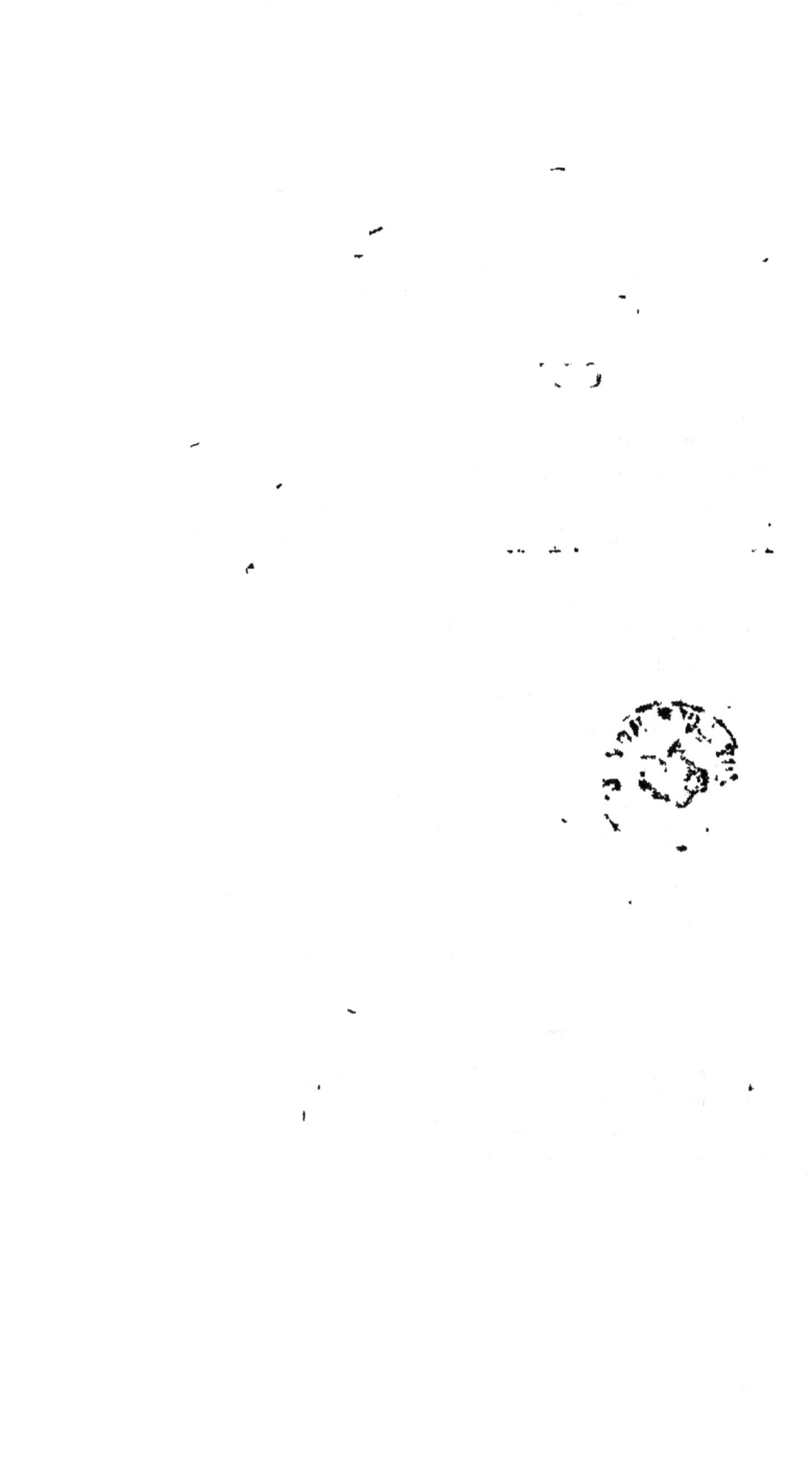

AVANT-PROPOS.

Il semble que celui qui prend la parole pour appuyer le triomphe de la bonne cause, doit prouver qu'il n'agit pas par l'inspiration d'une politique intéressée ou versatile; mais qu'en énonçant ses sentimens, il n'obéit qu'à ses affections.

M. de Châteaubriand, bien honorablement connu sans doute, a pris pour ainsi dire, pour passeport, son ouvrage sur le *Génie du Christianisme*. À son imitation, quoiqu'avec des titres moins éclatans, je me permettrai de rappeler qu'en 1801, sous le consulat de Buonaparte, je publiai une brochure (1), intitulée : *De la pacification de l'Europe,* dans laquelle je demandais qu'on replaçât une couronne sur le front de Louis XVIII.

J'ai publié, en 1809, l'*Histoire de la Diplomatie française* (2), et j'y ai défendu la monarchie, et plus particulièrement la mémoire de Louis XV et de Louis XVI (3).

-----

(1) Cette brochure est dans la bibliothèque du corps législatif.

(2) Chez Treuttel et Wurtz, 7 vol.

(3) Le ministre des relations extérieures de ce temps-là, après avoir bien voulu lire mon ouvrage, me dit avec quelque humeur : « Nous ne voulons point de principes ; l'empereur n'en « veut pas. »

Depuis, j'ai travaillé à l'*Histoire de la Diplomatie française*, depuis le 10 août 1792 jusqu'à la chûte de Buonaparte; cet ouvrage, en six volumes, ne tardera pas à paraître; il offrira, entre la conduite de la cour de France et celle du cabinet de Buonaparte, un point de comparaison propre à accroître l'estime qu'on faisait en Europe de la politique de nos rois.

Je ne parle point ici de quelques circonstances au-dehors et au-dedans, qui me sont communes avec beaucoup d'honnêtes gens.

Mon projet, dans cet opuscule, est 1° d'exposer le renversement successif du système de la révolution, jusqu'à la chûte de Buonaparte.

2° De tracer quelques vues sur la restauration de l'Europe, et sur celle de la France au-dedans et au-dehors.

DE LA RESTAURATION

POLITIQUE

DE L'EUROPE ET DE LA FRANCE.

~~~~~~~~~~

On ne peut nier que les législations des peuples ne soient susceptibles d'amélioration. L'histoire offre plusieurs perfectionnemens de ce genre. La France, mue par un concours de circonstances singulières, crut que le moment était arrivé d'améliorer sa constitution, envisagée par certaines personnes comme au-dessous des lumières du siècle. Malheureusement le génie français se montra toujours prompt à s'exalter. C'est ainsi que, dans l'effervescence des croisades, les Français se portèrent en foule dans l'Orient, où ils s'illustrèrent autant par des succès que par la fermeté dans les revers. C'est ainsi que, dans le seizième siècle, des factions ambitieuses, sous prétexte de rappeler le culte à sa pureté antique, firent une guerre acharnée au trône et aux autels. C'est ainsi qu'au rigorisme des
~~~~~~~~~~

maximes et des institutions religieuses dont fut témoin le dix-septième siècle, succédèrent, sous la régence, le cynisme des mœurs et le scepticisme. L'exagération se manifesta non moins vers le milieu du dix-huitième siècle, dans les opinions sur l'économie politique, et plus tard dans quelques découvertes de médecine et de physique. Plusieurs choisirent pour matière de leurs écrits et de leur zèle imprudent, l'extirpation de toute religion révélée. A ces écrivains se joignirent beaucoup de partisans de la doctrine des droits de l'homme; et ceux-ci confondant l'égalité naturelle et l'égalité sociale, provoquèrent cette ambition populaire qui, se croyant propre à tout, renversa tout ce qui était au-dessus d'elle, et atteignit enfin le sceptre. Dans sa rage, armée du fer de Ravaillac, elle frappa un prince le plus honnête des hommes, prince dont l'ame pure et délicate, jetée dans l'indéeision par la nouveauté des événemens, et sur-tout par la diversité d'opinions de ses conseillers, s'interdit des rigueurs bien légitimes envers des conspirateurs voisins du trône. Ce monarque, à qui la religion pourrait dresser des autels, n'eut qu'un tort politique, et ce tort, qui devait mettre tous ses sujets à ses pieds, causa son illustre infortune ; infortune depuis chèrement expiée par les calamités sans nombre que le ciel versa sur la France innocente. Et comme si c'eût été une époque de calamité universelle, l'Europe ne fut guère moins déchirée que la France. Que de peuples décimés ! Que d'états bouleversés jusque dans leurs fondemens ! La progression de ce funeste bouleversement, de cette espèce de déluge auxquels peu de justes échappèrent, doit d'abord être retracée, afin de mieux juger ce qu'il y a à faire pour revenir à l'ordre ancien.

Politique de l'assemblée constituante.

L'assemblée constituante, par la création d'un comité diplomatique, ne tarda pas à faire des démarches qui portaient atteinte au droit des gens : telles furent la réunion d'Avignon et du Comtat-Vénaissin à la France, et la suppression des droits féodaux réservés, par plusieurs traités, aux princes allemands possessionnés en Alsace. L'une et l'autre opération, contraires aux traités, devaient amener tôt ou tard des guerres. Ce qu'il y a de choquant dans cette conduite de la première assemblée, c'est qu'elle avait renoncé aux conquêtes ; comme si réunir sans titre n'était pas encore plus odieux que la conquête.

Politique de l'assemblée législative.

La guerre déclarée à la cour de Vienne en avril 1792, sous l'assemblée législative par Louis XVI, démarche qui répugnait au cœur de ce prince, ne tarda pas à brouiller la France avec la cour de Berlin, alliée par circonstance de l'empereur d'Allemagne.

La guerre avec la cour de Turin était résolue ou plutôt commencée, lorsque Louis XVI fut privé, le 10 août 1792, de sa légitime autorité. Ainsi la France, en moins de quatre mois, s'était donnée trois ennemis.

*Politique du conseil exécutif provisoire,
et de la convention.*

Au gouvernement *du conseil exécutif provisoire,* appartient la rupture précipitée avec les cours de Londres, de La Haye, de Madrid et avec le corps Germanique. Soit que le conseil exécutif eût provoqué à dessein ces guerres imprudentes, soit qu'il se prêtât avec

une lâche docilité à l'impulsion du parti monarchique, toujours est-il constant que, sous
son administration , la fougue française se manifesta même au dehors par les actes les plus
inconsidérés ; dès ce moment on se plut à
confondre le grand et le gigantesque , l'hé-
roïque et le sanguinaire. On trouva beau de
braver l'Europe entière ; en sorte que la
France, sans alliés , ne sembla plus aspirer
qu'à l'honneur insensé de grossir chaque jour
le nombre de ses ennemis, et à se jeter dans
un cours d'événemens dont la sagacité la plus
pénétrante ne pouvait prévoir les derniers
résultats. Un des plus funestes effets de cette
guerre universelle , fut de persuader , à la faveur de quelques succès, que l'audace et la
témérité valaient mieux que la sagesse.

On n'avait pas cru encore qu'il fût permis,
avant le traité de paix , de réunir des pays
conquis, le conquérant ne pouvant être en-
visagé jusqu'alors que comme séquestre. Néanmoins, la convention réunit à la France la
Savoie et le comté de Nice. C'était de plus fran-
chir, du côté du midi, les limites de la France.
D'autres pays , avec lesquels la France n'était
point même en guerre, furent accueillis dans
leur prétendu vœu de réunion à la France ; et

dans ces occasions on émit les opinions les plus contraires au droit de souveraineté des princes.

Politique du premier comité de salut public.

Le comité de salut public, dirigé par Robespierre, Couthon, Saint-Just, Billaud-Varennes, etc., n'alla si loin que parce qu'il ne savait pas où il allait. Ce comité appelait *diplomatie nouvelle* le mépris de toutes les maximes et de tous les principes avoués dans les cours. Les bienséances politiques ne lui paraissaient que de la servilité. Tout ce qui avait été conçu jusqu'à ce jour, pour ne laisser à la guerre que ce qu'exigeait la plus impérieuse nécessité, fut repoussé avec une atroce insensibilité. Ce fut d'après ces prétentions au perfectionnement du droit des gens, que le comité de salut public fit décréter la mise à mort des prisonniers de plusieurs nations. C'est dans le même esprit que fut proposée l'institution d'un corps de *tyrannicides* ou d'assassins des rois.

Quand une proscription générale fut comme réservée aux rois, aux ministres et aux grands personnages, l'honneur, l'intérêt public, et le désir de la conservation se réunirent contre le gouvernemeut de la convention, et l'exécration qu'il inspirait fut telle que tous les potentats de l'Europe eussent consenti plutôt à perdre leur couronne, qu'à traiter avec les chefs de la démagogie. La chute de ce systême anti-social fut donc un premier bienfait pour l'Europe et la France.

Politique du second comité de salut public.

La convention nationale, si célèbre par les crimes de ceux qui la dirigeaieut, termina ses séances le 26 octobre 1795. Enivrée par la fortune des armes, elle se flatta d'opérer la dissolution de la république européenne. Un grand nombre de ses membres se jetèrent dans des théories abstraites qui avaient pour but le désordre général. La convention eût ravagé la terre, si elle n'eût heureusement tourné contre elle une portion de sa dévorante énergie. Tandis que plusieurs partis, alternativement vainqueurs et vaincus, bourreaux et victimes, se poussaient à l'échafaud, la masse de cette assemblée, qui semblait destinée à périr tragiquement en punition des meurtres qu'elle avait ordonnés ou soufferts, survécut à tout, et comme Sylla, elle abdiqua en défiant ses ennemis.

Le second comité de salut public montra de la modération, et il tira la France de l'abîme ouvert par les témérités du premier comité de salut.public. Ceux qui le dirigeaient eurent des vues exactes. Ils eurent la sagesse d'appeler auprès d'eux des hommes habiles, tels que MM. de Rayneval, Bourgoing, Otto, et une partie de l'esprit des conseillers passa dans l'ame des gouvernans.

Ce comité, désavouant le système de guerre universelle, n'hésita point à faire des avances auprès de plusieurs Etats, et il conclut divers traités qui valurent aux Français quelqu'estime de la part de l'étranger.

La Suède, en se rapprochant de la France, lui rendit un ami si non puissant, du moins honorable, qui semblait la réconcilier avec les rois. Les traités avec la Toscane et avec l'Espagne furent modérés ; mais la paix de Bâle, avec la Prusse, du 5 avril 1795, et celle de La Haye avec les Provinces-Unies, furent le principe d'une désorganisation générale de l'Europe, et par conséquent l'origine de la guerre épouvantable qui a pesé

sur elle ; car , par le premier de ces traités ,
la Prusse cédait , sauf des indemnités prises
sur l'Empire , toutes les provinces qu'elle
possédait sur la rive gauche du Rhin , et
dès-lors fut arrêté le système français de la
limite du Rhin , et par suite nécessaire le
bouleversement de l'Empire germanique.

L'acquisition de la Flandre hollandaise et
celles de Maëstricht , de Venloo , et de l'in-
divis de Flessingue pronostiquaient avec l'Angleterre une guerre acharnée , et mettaient la
Hollande dans une telle dépendance de la
France , qu'on pouvait prévoir dès - lors sa
réunion à celle-ci. Mais la réunion de la
Belgique au territoire français fut une conséquence prochaine du traité de La Haye ;
mesure téméraire à l'égard de l'Autriche ,
et non moins imprudente à l'égard de la cour
de Londres , dont la doctrine fondamentale,
depuis le quinzième siècle, était que la France
ne devait point posséder la Belgique. Tels
furent les premiers jets de ce système déplo-
rable , aussi ennemi de la justice que de la
prudence , et dont le développement, hâté
avec une ardeur infatigable , faillit depuis
amener l'asservissement de l'Europe.

Politique du Directoire.

Le directoire jeté dans le système, de la limite du Rhin, par les traités conclus sous le deuxième comité de salut public, songea encore à développer le système des *limites naturelles*. Dans le congrès de Rastadt, qui suivit la paix de Campo-Formio avec l'Autriche, le directoire exigea des têtes de pont qui lui facilitaient l'invasion de l'Allemagne. Il promit aux princes laïques, des indemnités aux dépens du clergé souverain, s'acquittant ainsi envers ces princes avec les dépouilles de leurs frères. Mais le directoire aspirait à étendre encore plus loin la sphère de la politique républicaine. En conséquence, il se jeta dans deux systèmes qui lui sont propres, le système *italique* et le système *asiatique*.

D'après le premier, il s'empara, soit par la fraude, soit par les armes, de toute l'Italie. La paix despotique faite avec la cour de Turin, ayant mis à sa disposition toutes les places fortes du Piémont, lui ouvrit bientôt aussi toutes les portes de l'Italie ; et les drapeaux français ne tardèrent pas à flotter sur les murs de Turin, de Florence, de Rome et de Naples.

Le directoire régnait déjà dans la république cisalpine par l'influence la plus hautaine.

La Suisse fut envahie parce qu'on la croyait propre à assurer ce système sur l'Italie.

Dans son système asiatique, le directoire se proposa d'abord de faire la conquête de l'Egypte, et de renverser même la Porte, si elle s'y opposait. De là, l'armée française devait pénétrer dans l'Inde, et, donnant la main à Tippou-Saïb, renverser la puissance anglaise dans l'Hindoustan.

La destruction de la flotte française à Aboukir, la levée du siége de Saint-Jean-d'Acre, les pertes diverses que fit l'armée de Buonaparte, même avant son retour en Europe, et enfin l'expulsion d'Abdallah-Menou de l'Egypte, firent avorter un dessein qui ne fut pourtant jamais perdu de vue par les successeurs du directoire.

Ce fut cette ambition intempérante qui arma de nouveau l'Europe, et amena en Italie, sur les bords de l'Aar et dans le Zuiderzée, ces puissantes armées russes auxquelles le génie belliqueux de Suvarow ouvrit en partie le chemin de la victoire. Ce guerrier gagna rapidement plusieurs grandes batailles, et s'empara de l'Italie entière. Cette campagne de quatre mois, est supérieure pour l'importance des succès, aux deux campagnes de Buonaparte en 1796 et 1797. Suvarow repoussé, mais non vaincu dans les petits cantons où il n'avait point trouvé les troupes qui devaient l'appuyer, se retira en Bohême, et la mésintelligence que cet évènement amena entre la Russie et l'Autriche, sauva peut-être la France de l'invasion méditée dèslors à travers les montagnes du Jura, partie la plus vulnérable de la monarchie française. Cette désunion de l'Autriche et de la Russie, n'empêcha pas la première de suivre, par la rivière de Gênes, le plan d'invasion de la France ; et les Autrichiens étaient sur les bords du Var, lorsque le directoire fut privé, par la révolution du 18 brumaire, d'un pouvoir qu'il exerçait si mal.

La politique du directoire vis-à-vis de l'Angleterre, fut aussi furieuse qu'aveugle. N'ayant qu'une marine délâbrée, il imagina des descentes en Irlande, où il se flattait de trouver des partisans qui ne se montrèrent point. Déjoué dans ses espérances, il se flatta de révolutionner la Grande-Bretagne; et, au lieu de sentir d'après son impuissance dans la guerre, la nécessité de faire la paix, il congédia le plénipotentiaire Anglais, à la manière des barbares étrangers aux mœurs d'Europe ; et deux fois lord Malmesbury reçut ordre de partir sous quarante-huit heures. Ce fut cette conduite outrageante qui fit naître dans les cœurs anglais, l'idée d'une *guerre perpétuelle*, ou du moins aussi durable que le gouvernement qui se livrait à de pareils écarts.

Le directoire envoya en Espagne un juif nommé *Ségui*, pour obtenir de l'argent de la cour. La reine d'Espagne lui répondit avec affliction qu'elle n'en avait point pour elle-même. Ce Ségui lui répartit : « Mais, Ma- « dame, vous avez des diamans. »

Le directoire ne fit qu'un acte raisonnable, ce fut l'alliance offensive avec l'Espagne ; mais il ne tira qu'un faible parti de cette faiblesse de la cour de Madrid, cédant à la crainte de se donner un ennemi, et humiliée sans doute de coopérer avec les plus grands ennemis des Bourbons. Le directoire ne songea qu'à tirer bassement de l'argent de l'Espagne, et elle l'avait tellement épuisée, que la cour ne pouvait plus faire face à des dépenses urgentes.

Le directoire expira, sans honneur et pres-

que sans bruit, après avoir gouverné la
France pendant quatre ans, avec fracas, et
accumulé autour de lui des ruines immenses, comme pour s'en faire un retranchement.
Le gouvernement directorial se signala par
un esprit de perturbation universelle. Son
grand ressort fut une prétendue énergie, laquelle ne doit être pour les esprits élevés
que le maintien courageux des justes droits,
mais qui, pour les esprits volcaniques et inex-
périmentés, se confond avec l'audace et la
répétition violente des coups d'état. Ce gouvernement, occupé sans cesse à changer les
constitutions de ses voisins, à morceller et à
recouper leur territoire, eût voulu distribuer
l'univers en républiques, régies par des di-
recteurs ; car rien ne leur paraissait aussi su-
blime qu'un directoire ; mais il éprouva bientôt que les peuples de deux nouveaux états
étaient peu affectionnés à sa cause, et la campagne des Austro-Russes suffit pour lui enlever les républiques *Parthenopéenne*, *Ro-
maine*, *Cisalpine* et *Ligurienne*. Toutes ces
filles rougissant de leur naissance, se hatè-
rent de renier leur mère, du moment que le
vainqueur put les soustraire à sa perfide ten-
dresse.

Dans les négociations, le directoire ne s'attachait qu'à dicter la loi, et à verser l'humiliation sur le vaincu. Les négociations avec l'Angleterre, celles de Rastadt, avec les cantons Suisses et avec les États-Unis, sont un monument de subtibilité léonine, d'orgueil ou d'une corruption grossière.

Politique du gouvernement consulaire.

Le gouvernement des trois consuls remplaça celui du directoire. Buonaparte fut premier consul, et Cambacérès et Lebrun furent ses collègues. Buonaparte, devenu général de l'armée d'Italie par la faveur de Barras, avait eu plusieurs succès marqués, quoique des gens froids et habiles ne vissent dans lui qu'un heureux présomptueux. Son génie ambitieux et son cœur pervers n'avaient pas échappé à plusieurs de ceux qu'il avait commandé en Italie (1).

---

(1) Un officier retiré à Lons-le-Saunier, écrivait au directoire, sujet de Buonaparte, en 1796 : *Son républicanisme est celui de César..... Il a la vanité d'un enfant et la méchanceté d'un démon.* Voyez *Recueil des pièces de Peltier*, imprimé en Angleterre : il se trouve à la Bibliothèque royale.

Le directoire qui le craignait, voulut l'os-
traciser en le faisant passer en Egypte; mais
moitié vaincu, moitié vainqueur, il en revint
pour le renverser. Des bruits flétrissans circu-
laient déjà sur son compte, on l'accusait d'a-
voir fait empoisonner, en Egypte, six cents
pestiférés dont le transport gênait les mouve-
mens de l'armée, après la levée du siége de
Saint-Jean-d'Acre.

Buonaparte débuta dans le consulat, par
l'envoi au roi d'Angleterre, d'une lettre sur
la paix, qui était d'une familiarité imperti-
nente. Le secrétaire d'état, lord Grenville,
lui répondit qu'avant de conclure la paix avec
la France, la cour désirait avoir une garantie
des principes de son gouvernement et d'un
changement de système; et, à cette occasion,
lord Grenville disait ces paroles remarqua-
bles : « Le garant le plus naturel et le meil-
« leur en même temps, de la réalité et de la
« stabilité de ce changement, se trouverait
« *dans le rétablissement de cette race de*
« *princes* qui, durant tant de siècles, surent
« maintenir au-dedans la prospérité de la
« nation française, et lui assurer de la consi-
« dération et du respect au-dehors. Un tel
« événement aurait écarté à l'instant, et dans

« tous les temps écartera les obstacles qui
« s'opposeraient aux négociations de la paix ;
« il assurerait à la France la jouissance incon-
« testée de son territoire, et donnerait à toutes
« les autres nations de l'Europe , par des
« moyens tranquilles et paisibles , la sécurité
« qu'elles étaient forcées de chercher par
« d'autres moyens. »

Cette réponse, qui atteste l'intérêt ancien
que la cour de Londres prenait à la cause des
Bourbons, ne pouvait réussir auprès de celui
qui formait déjà les plus ambitieux projets.
Buonaparte veut terminer la guerre avec l'Autriche, et Marengo faillit être son tombeau et
l'écueil de sa réputation militaire.

Le traité de Lunéville, qui ne fut guère
qu'une confirmation de celui de Campo-Formio, fut suivi de la paix avec plusieurs princes
du second rang. Il fit un concordat avec
Rome, afin de mettre le clergé dans sa dépendance. En combinant la force avec la perfidie,
il parvint à pacifier l'ouest ; et plusieurs chefs,
entr'autres M. de Frotté et son état-major,
furent fusillés, après que leur soumission eût
été acceptée.

Buonaparte, qui s'occupait de multiplier
les ennemis de l'Angleterre, avait ouvert une

correspondance secrette avec Paul Ier, et celui-ci, quelquefois emporté dans sa haine, mais enclin au bien, avait été séduit par les trompeuses promesses du premier consul. Il mourut sans avoir signé la paix avec la France, et peut-être se fût-il brouillé avec Buonaparte, qui ne se pressait pas d'exécuter ses engagemens en faveur des princes de la maison de Bourbon et du roi de Sardaigne. Alexandre Ier conclut cette paix avec toute la confiance d'un grand cœur.

Pitt, qui avait dit au sujet de Buonaparte, lors de son avènement au consulat : *Les formes pourront changer; mais les principes seront toujours les mêmes;* Pitt, pénétré d'une opinion qui n'était que trop vraie, avait mieux aimé se retirer du ministère que de conclure la paix avec l'ennemi de l'Europe et de l'humanité.

Dans l'intervalle des préliminaires de Londres et de la paix d'Amiens, Buonaparte s'était fait nommer, ou plutôt s'était nommé lui-même, *président à vie de la république italienne,* déclarant aux membres de la consulte que lui seul était capable de remplir ce poste; et quoique ce nouveau grade eût de quoi alarmer la cour de Londres, elle signe la paix à Amiens, comme pour faire essai de la probité du premier consul, et de sa fidélité aux traités.

Pendant ce temps, Buonaparte corrompait les personnes les plus influentes pour arriver au *consulat à vie,* demi-royauté qui ne peut le satisfaire.

Bientôt sa cruauté, sa perfidie, et l'on pourrait ajouter une grande maladresse, se manifestèrent à l'égard de la population noire de St.-Domingue, dont il fait enlever le chef, Toussaint-Louverture, retiré par capitulation dans une habitation. Il le fait enfermer au château de Joux, et on apprend peu après qu'il a fini ses jours *par une mort naturelle.* L'île de St.-Domingue, trompée, vole aux armes ; et l'Africain, irrité par la vengeance, exerce sur les blancs des représailles outrées, mais dont le crime retombe sur le violateur des engagemens publics.

Bien plus, comme si Buonaparte eût eu le droit de décider du sort des divers Etats, sans égard pour les autres grandes puissances, tantôt il favorisait une révolution à Gênes ; tantôt il réunissait l'île d'Elbe à la France ; tantôt il détachait le Valais de la confédération helvétique ; tantôt, à la faveur d'une médiation usurpée, il faisait entrer des troupes en Suisse, et donnait aux cantons, par des commissaires de son choix, une nouvelle constitution ; tantôt il réunissait le Piémont à la France ; tantôt feignant de s'entendre avec la Russie qu'il trompait, il distribuait dans l'Allemagne les indemnités suivant son bon plaisir, et rien n'égale l'impudence qui régna dans cette opération, si ce n'est la corruption effroyable dont ses agens se rendirent coupables.

Enfin, il vend, quoique simple magistrat, et n'ayant aucun droit sur le territoire français, il vend aux Etats-Unis la Louisiane, que l'Espagne avait cédée à la France par échange frauduleux de la part de celle ci. Il vend ce beau pays pour la somme de soixante millions de francs, dont vingt devaient être donnés aux Américains lésés par les corsaires français, et le surplus, c'est-à-dire *quarante millions, furent gardés par Buonaparte*, à qui le consul-général aux Etats Unis (Pichon), les fit passer, et ils furent consacrés à corrompre les personnes qui devaient concourir à son élévation à l'empire, comme à faire les frais de la cérémonie du sacre, quoiqu'il fût dit, par le décret concernant son

élévation à la couronne impériale , que les
frais seraient à sa charge , et pris sur les
vingt-quatre millions de la liste civile.

L'ivresse des succès de Buonaparte, l'audace qu'il mettait dans toutes ses démarches ,
et le peu d'égard qu'il témoignait pour l'Angleterre, à laquelle il se croyait supérieur par
les ressources de son génie et la profondeur
de son machiavélisme, le brouillèrent de nouveau avec cette puissance trop habile pour se
laisser tromper plus long-temps. Il est à observer qu'il montra, dans cette occasion, une
grande impéritie ; car il eût pu conserver la
paix avec l'Angleterre en lui laissant Malte
pour dix ans ; au lieu que le renouvellement
de la guerre lui faisait perdre entièrement
cette île et celle de Saint-Domingue, où les
noirs ne tardèrent pas à triompher. Le dernier acte politique qu'il ait conclu comme
consul, est avec le comte de Bentheim, auquel il rendait, par un traité public, moyen-
nant 800,000 fr. versés dans la caisse d'Hanovre, la souveraineté de son pays ; et peu après
que celui-ci eut rempli cet engagement oné-
reux , il lui retira le comté de Bentheim.

Que dire de la conduite qu'il tint à l'égard
de l'illustre et infortuné duc d'Enghein , qu'il

fit enlever de nuit sur le territoire de l'Empire, et mettre à mort deux heures après son arrivée à Paris? La plume tremble dans les mains à un pareil récit; mais ce jeune prince, au moment où on lui prononçait son jugement, prononça celui du tyran lui-même, en disant : « Le gouvernement de Buonaparte « ne durera pas, parce qu'il n'est pas fondé « sur la justice. » Voilà les actes du consulat de Buonaparte.

Voyons quels furent les principes et la marche du gouvernement consulaire.

Quoique ce gouvernement fût composé de trois personnes, néanmoins Buonaparte, en sa qualité de premier consul, et ensuite par l'effet de cet esprit de domination qui lui était propre, eut la principale influence sur les résolutions. D'ailleurs, la conduite des négociations lui était exclusivement déléguée, et il nommait tous les agens politiques. On doit distinguer deux périodes dans le gouvernement consulaire : la première, depuis son établissement jusqu'à la paix d'Amiens; la deuxième, depuis cette paix jusqu'à la création du gouvernement impérial.

La première période fut caractérisée par

beaucoup d'astuce et de dissimulation. Il cher-
cha à déguiser son ame et à faire goûter sa
personne, afin de satisfaire son ambition, qui
ne l'était qu'à demi. Il fit donc quelques
actes raisonnables. Parmi ces actes, il y en
eut qui en imposèrent au peuple ; tel fut le
concordat avec le pape, qu'il amena à sanc-
tionner tous les bouleversemens, toutes les
suppressions, toutes les spoliations, toutes les
destitutions prononcées par les gouvernemens
révolutionnaires; et, à la faveur de quelques
formes spécieuses, tout le mal opéré fut con-
firmé et rendu permanent. Il voulait un clergé
pauvre, avili et salarié, pour le tenir dans la
dépendance. Il y parvint; et si le clergé n'est
pas relevé de l'état d'abjection où il se trouve,
on peut prédire que dans un demi-siècle il n'y
en aura plus. Déjà l'on ne peut nombrer les
paroisses qui sont sans pasteurs; et les sémi-
naires sont déserts.

La seconde période, qui part de la paix
d'Amiens jusqu'au rétablissement de la monarchie en faveur de l'ennemi des rois, fut
marquée par une grande audace au dehors et
une profonde intrigue au-dedans. Ne croyant
pas qu'aucune puissance osât désormais lui
tenir tête, et se flattant que l'Angleterre,

qu'il croyait épuisée, ne reprendrait pas de sitôt les armes, il bouleversa tout autour de la France ; et ces désordres, objet de l'admiration des ignorans ou des amateurs de drames tragiques, conduisirent Buonaparte au consulat à vie. Il abolit la liste des émigrés, moins par générosité que pour les avoir sous sa main. Aussi en fit-il arrêter ou exiler plusieurs peu après leur arrivée. Il ne leur rendit point leurs biens, à l'exception de quelques portions de bois qu'il rendit à des familles illustres qu'il avait la prétention de s'attacher pour les humilier en les mettant au dessous même de ses créatures.

Il créa un ordre de la *Légion d'honneur* qui fut un signe de ralliement à sa cause, bien plus que la récompense des services. Jamais pareille décoration ne fut autant prostituée (1) ; et, à proprement parler, elle n'attestait plus rien.

L'esprit d'orgueil et de dissention publique se manifesta journellement dans le cours de la seconde période, ou depuis la paix d'Amiens. Ce fut sur-tout dans la distribution

---

(1) Le boucher qui arrêta Georges Cadoudal, en lui jetant une corde au cou, reçut la *croix d'honneur*.

des indemnités qu'il fit preuve d'insolence.
N'était-ce pas une grande pitié que de voir
le fils d'un huissier distribuer arbitrairement
des états considérables, et disposer de souverainetés antiques, en dédaignant le plus
souvent les observations du comte de Mar-
koff, ministre de la Russie, qui était co-mé-
diatrice. Buonaparte fit la part du roi d'Angleterre, comme électeur d'Hanovre, de l'Autriche, de la Prusse et de presque tous les potentats de l'Europe, sans d'autres règles que
son caprice, et en violation de traités solen-
nels. Ce renversement subit de tant de principautés laïques et ecclésiastiques porta un
coup incalculable au respect dû à la souveraineté. Les peuples ne virent plus dans leurs
chefs que des individus qu'un décret ou un
plan d'indemnités préparés dans les bureaux
de Paris, pouvait dépouiller et réduire au
néant. Ce fut cette dégradation de tant de
souverains, et cette facilité à donner de nouveaux titres, qui porta peu après Buonaparte
à distribuer plus de titres que jamais les anciens rois n'en accordèrent, et à vouloir enfin
pour lui-même le titre modeste d'empereur ;
et l'orgueil de ce titre sur la tête d'un pareil personnage, fait qu'au moins la France

n'a pas la honte de le compter parmi ses rois.

Du Gouvernement impérial.

Buonaparte, doué du génie des machinations, et c'est le seul qu'on ne puisse lui contester, parvient à la couronne, en promettant à ses affidés et promoteurs les principales dignités de l'Etat. Couronné à Paris par Pie VII, le diadême de France ne suffit pas à sa vanité ; il lui faut celui de l'Italie ; et *le vœu libre* des Lombards, vœu aussi *libre* que celui des Français, le lui décerne (1). C'est alors que, dans son ivresse, il commence, pour se montrer supérieur à tous les autres princes, à distribuer des principautés. Il *cède aux desirs* de la république de Lucques, qui demande, pour son souverain, M. Bacciochi, ci-devant employé dans les bureaux de la municipalité de Marseille, et époux de sa sœur Elisa, laquelle reçut encore la principauté de Piombino, et devint grande

____

(1) Buonaparte ne reçut pas la couronne à son sacre, ainsi que cela se pratique ; il la prit, et la posa lui-mêm sur sa tête.

duchesse de. Toscane. Une autre sœur de Buonaparte eut la principauté de Guastalla. Le marchepied du trône de Buonaparte se couvre bientôt des princes de sa création.

Gênes est, sur sa demande *pressante,* réunie à la France. Cependant Pitt, qui suivait en souriant les écarts de l'ambitieux, Pitt sorti de sa retraite, et que les Anglais appelaient un *géant reposé,* prépare une ligne redoutable composée de l'Autriche, de la Russie et de la Suède. L'Autriche, frappée de plusieurs grands revers, est sur le point d'être vengée à Austerlitz ; mais ses généreux alliés, les Russes, en quittant par excès de courage les hauteurs de Pratzen, laissent à Buonaparte une victoire sur laquelle il n'avait guère lieu de compter. A la paix de Presbourg, il enlève à l'Autriche le quart de ses provinces. Dans ce même temps, après s'être dit le protecteur du chef de l'église, il dépouille le pape avec la violence de l'Arabe qui rencontre le pélerin sans défense.

Buonaparte qui se croyait le plus grand monarque ou plutôt le seul monarque de l'univers, chasse, par un décret, le roi de Naples de ses états, et les confère à son frère Joseph. Songeant à donner des fers à

l'Allemagne, il se substitue à l'empereur François II, qu'il force à renoncer à la couronne
germanique, et s'en revêt lui-même sous le
titre de *protecteur* de la confédération du
Rhin.

La cour de Berlin alarmée, veut, pour sa
sûreté, se faire le chef d'une autre confédération, et Buonaparte, que l'idée de la
moindre rivalité irrite, la menace ; et encore
une fois, pour la douleur des partisans de la
bonne cause, Iéna voit triompher le tyran
de l'Europe. Alexandre, le modèle des amis
et des rois, accourt au secours de Frédéric
Guillaume ; Eylau met en danger la fortune
de Buonaparte ; mais elle triomphe encore.
Il signe à Tilsitt une paix humiliante pour
la Prusse, et insidieuse pour Alexandre, qu'il
cherche dès ce moment à tromper sur les
usurpations qu'il prépare. Bientôt Buonaparte,
qui avait enlevé le Hanovre, le Brunswick et
la Hesse à ses légitimes possesseurs, annonce
qu'il confisque le Portugal, comme dévoué
à l'Angleterre.

Peu après, par une machination que le génie
même de César Borgia n'eût pas pu concevoir,
il s'empare de la personne du roi d'Espagne, Ferdinand VI, et se fait céder par la

terreur la couronne des Espagnes, qu'il trans-
met à son frère Joseph ; car Buonaparte
avait pour maxime d'Etat, et tous ses ministres, *sans en excepter un*, le lui avaient fréquemment répété : « Que la famille Buona-
« parte était appelée en Europe à succéder à
« la maison de Bourbon. » C'est alors que
Canning prononça dans le parlement ce mot
dont la vérité prophétique a été si complète-
ment vérifiée : « *L'assassin de l'Europe s'est*
« *suicidé lui-même en Espagne.* » Les Espa-
gnols trahis, mais soutenus par le héros de
la nation anglaise, le Marlborough du dix-
neuvième siècle, Wellington, déjouent les
perfides manœuvres de Buonaparte. Bientôt
le Portugal et une grande partie de l'Espagne
sont délivrés du joug de l'oppresseur qui n'a
pu, en sacrifiant des milliers d'hommes, consolider son affreuse conquête, conquête où les
crimes qu'il a ordonné et tolérés sciemm-
ment, passent tout ce que les nations barbares
et impies ont jamais commis de plus outrageant
envers Dieu et les hommes.

- Buonaparte, qui avait pour politique quand
une guerre ne réussissait pas, de chercher à
relever l'opinion publique par une guerre
plus facile, en prépare une nouvelle contre

l'Autriche affaiblie, et il l'attaque avec les forces de la moitié de l'Europe. A Essling, au passage du Danube, cet insensé expose toute son armée, coupée en deux, à périr; et lui-même est sur le point d'être pris.

La fortune qui si souvent épuisa pour lui ses faveurs, le tire de ce mauvais pas, et il est victorieux à Wagram, moins par son génie que par les habiles dispositions de Macdonald. La paix de Presbourg dépouille l'Autriche de tout le littoral de l'Adriatique et de plusieurs belles possessions en Allemagne. C'est alors que Buonaparte aspire alors à mêler son sang avec celui des premiers monarques de la terre. Sa main repoussée par la Russie obtient celle d'une princesse vertueuse, digne d'un meilleur sort. L'orgueil du présomptueux est tel qu'il croit que le ciel qu'il outrage veille sur lui, et le laisse maître du sort de la terre. Le pape Pie VII, à qui il devait de la reconnaissance autant pour avoir consenti au Concordat, gage de la paix intérieure, que pour avoir le courage de le sacrer, le pape est enlevé de son palais, conduit en France comme un prisonnier d'Etat, et le patrimoine de saint Pierre devient celui de Buonaparte. La Hollande, conférée comme royaume à

Louis Buonaparte, est réunie à la France; et le frère dépouille le frère au sein de la paix. Les villes anséatiques et plusieurs autres États moins importans perdent leur existence politique.

Un souverain que Buonaparte avait trompé trois fois, Alexandre lui résiste, et se refuse à priver ses sujets de tout commerce. Mais, non, la cause de l'Europe et celle du monde entier sont subordonnés aux desseins de Buonaparte. Il part avec une armée comparable à celle des Macédoniens pour la valeur, et pour le nombre à celle de Cambyse, dont elle ne tardera pas à éprouver le sort. Quelques succès emportent Buonaparte jusqu'à Moscou. Cette ville, l'ornement de l'Asie, périt par le feu; et l'Attila Corse, en s'éloignant, ordonna de faire sauter les lieux sacrés où reposent les cendres des czars de la maison de Romanow, qu'avaient respectés les invasions des Tatares, les siècles et les flammes. Deux cent mille hommes périssent victimes de ce grand crime. Napoléon, poursuivi en quelque sorte par le ciel et les mânes outragés de tant de princes, regagne en fugitif les bords de la Beresina, où il faillit trouver sa défaite et la captivité. Une défection générale se manifeste alors parmi ses alliés enchaînés, mais non unis à sa fortune. L'Autriche elle-même, dont il se croyait assurée par son mariage, se déclare contre lui. François II, entraîné par le bonheur de l'Europe et celui de ses sujets, a remporté sur son cœur une noble et touchante victoire. D'ailleurs, pouvait-il ignorer que la chute de la Russie eût été l'avant-coureur de celle de l'Europe entière ; et que rejeté lui-même en Turquie, il eût été forcé d'accepter quelques *pachalicks* en échange de ses états héréditaires?

La fin de cette campagne désastreuse, est suivie d'une campagne sur l'Elbe, où quelques avantages très-faibles, emphatiquement annoncés, sont terminés par la défaite de Leipsick, et une retraite précipitée derrière le Rhin.

Bientôt les coalisés pénètrent en France par les passages de la Suisse, indignée contre Buonaparte qui prodiguait, pour sa vanité, le sang des Helvétiens comme celui des Français. L'ennemi s'avance comme un torrent. Plusieurs riches provinces sont envahies. Buonaparte, qui semble fuir sa destinée, hésite s'il ira au-devant des alliés. Enfin la lutte dernière s'ouvre à trente lieues de Paris, sur deux points opposés ; et tandis que Buonaparte continuant toujours ses attaques désespérées, croit repousser une armée qui feint de fuir pour l'éloigner de Paris, une autre armée entre dans cette capitale, et brise les fers de la France.

C'est alors qu'une voix impérieuse crie :

Tyran, descends du trône, et fais place à ton maître.

Buonaparte est condamné au supplice de la vie ; et, après avoir régné comme Phalaris et Néron, il va finir ses jours dans l'île d'Elbe. Ainsi Tibère termine à Caprée sa honteuse existence. Ainsi l'île d'Elbe renfermera celui pour qui l'Empire français, poussé jusqu'au Rhin et à la Save, était trop petit.

Ainsi échappent à la faulx de la mort tant d'enfans qui ne croissaient que pour être les jouets de la tyrannie militaire. Ainsi est vengée l'Europe qu'il eût convertie en un désert couvert de pyramides d'ossemens.

Oh Alexandre! prince ami des hommes (1), toi qui pris Henri IV pour modèle ; oh

______

(1) Alexandre étant encore enfant, interrogé un jour par un de ses instituteurs, à quel prince des temps anciens et modernes il aimerait mieux ressembler, répon-

François II et Frédéric Guillaume ! qu'il alla insulter dans vos capitales, votre gloire est amplement réparée ; et vos représailles envers le peuple français, instrument passif ou plutôt victime de l'ennemi commun, sont la générosité qui immortalise bien plus que les trophées sanglans !

Caractère et politique de Buonaparte.

La déchéance prononcée par le sénat contre Buonaparte, ferme sa carrière politique; et, suivant une expression famillière à ses bulletins, *il a terminé ses destins.*

L'histoire contemporaine a donc le droit de le juger ; et ce droit qui appartient à tout individu indigné de ses crimes , appartient bien davantage aux écrivains dont la plus belle fonction est de ramener l'entière soumission des individus égarés par les prestiges et l'imposture du plus artificieux des hommes.

Un orgueil monstrueux et un égoïsme auquel il subordonnait tout , étaient la base du caractère de Buonaparte. Vrai caméléon ,

---

dit : A Henri IV, *nourrissant les habitans révoltés de la ville de Paris.*

personne ne fut plus propre à la dissimulation
quand elle lui était favorable, ou conforme à
la petitesse de sa fortune ; mais quand, par
son élévation, il se crut supérieur aux ména-
gemens, il se livra à une fougue et à une in-
tempérance de langage qui l'eussent fait prendre pour un énergumène, et ont fait même
dire plusieurs fois qu'il était devenu fou.

Etranger à toute idée de vertu, pirrhonien
même en vertu (1), le crime avait des charmes
pour lui, s'il avait quelque chose de neuf ou
d'utile à ses desseins.

Obstiné, ainsi que le sont les esprits mé-
diocres, il ne revenait jamais d'un faux système ; et il fut aussi convaincu de l'infailli-
bilité de son jugement que de celle de sa
fortune.

Jaloux, les talens l'offusquaient ; aussi presque tous ses ministres ne furent que des gens
d'un mérite peu éclatant. Ils n'étaient remar-
quables que par leur servilité. Si quelquefois

---

(1) Il demandait un jour, en Egypte, à un mathématicien, s'il croyait à la vertu ; et celui-ci ayant répondu
affirmativement, Buonaparte lui répondit : « Par-
« bleu, pour un mathématicien, vous êtes un habile
« homme! »

ils eurent des vues profondes, il feignait de les rejeter, et les reproduisait quelques temps après comme venant de lui.

Personne ne prouva mieux que lui les rapports intimes et le contact du jacobinisme et du despotisme dans le mépris des hommes, la profusion de leur sang, de leurs fortunes, et la rage de la domination.

Ses succès balancèrent aux yeux des esprits timides ou bornés ses excès en tout genre ; mais sa manière ordinaire de conduire la guerre consistant *à faire des pointes*, n'a jamais eu l'estime des militaires sensés ; et ses témérités en ce genre, après l'avoir plusieurs fois compromis, ont fini par le perdre. Que penser d'un général décidé à toujours emporter par des attaques désespérées toute position avantageuse, ou à faire périr des divisions entières ? Combien de fois ne faillit-il pas succomber sous ses fausses combinaisons, au pont de Lodi, à Arcole ? Dans sa première traversée en Egypte, si l'imprenable Malte s'était défendue quatre jours seulement, Nelson enlevait Buonaparte et toute sa flotte. Au siége de Saint-Jean-d'Acre, à Marengo, à Eylau, à Essling, après la rupture des ponts sur le Danube, dans la retraite de Mos-

cou, dans les gorges de la Bohême, au pont
de Leipsig, ne joua-t-il pas son existence et
celles de ses troupes ? Dans les plaines de la
Champagne, de la Brie et de la Picardie, il
n'a montré que l'activité d'un partisan, tâ-
chant principalement, par des marches forcées
qui minaient son armée, de surprendre
quelques corps détachés ; et enfin, se vantant
d'être sur les derrières de l'ennemi, quand
en effet, par une manœuvre dont il fut dupe,
150,000 alliés entraient dans Paris. Ainsi,
l'art des Fabius et des Turenne lui fut étranger, et il n'agit que par bonds accélérés, se
comportant, quand il n'eut plus qu'une armée,
comme s'il en avait eu trois ou quatre encore
à sacrifier. Aussi voit-on qu'après s'être
avancé par la guerre, quand il fut secondé par
la multitude et l'enthousiasme, il a péri par
la guerre, du moment où il fallut suppléer au
nombre par la temporisation.

Il fut brave, dit-on, et plusieurs faits ré-
cens paraissent l'attester ; mais le tigre aussi
n'est-il pas brave ? mais l'assassin des grandes
routes, mais le pirate manquent-ils donc de
courage ? Ce penchant impétueux qui pré-
cipite l'homme dans les combats, et le fami-
liarise avec la mort, n'a du mérite que quand

il est embelli par la noblesse d'ame , la générosité envers le vaincu , et sur-tout par le
regret de voir couler le sang de ses frères
d'armes. Ainsi , Buonaparte fut brave ; mais
il ne fut pas un héros.

Comme promoteur du bien et des sentimens
vertueux , il fut nul ; bien plus , il dénatura
tout ; il avilit toutes les institutions , celle
même de l'éducation , en inspirant à la plus
tendre jeunesse cette frénésie des combats, qui
eût fini par faire du peuple français un peuple
de sicaires ou une horde de mamelucks (1).

On a loué Buonaparte, en disant qu'il avait
élevé beaucoup de monumens. Mais les
grandes constructions ne sont honorables
que quand elles sont le fruit de l'économie ,
et non quand elles sont cimentées par le sang
et l'or des peuples opprimés. Les constructions
les plus fameuses, telles que les pyramides d'E-
gypte , appartiennent à des tyrans. Néron est
un des empereurs qui embellit le plus Rome.

---

(1) Tout le monde sait et a été témoin que l'en-
fance , dans les plus petites pensions, était distribuée en
compagnies , allait à la promenade au son du tambour,
et , presque au sortir du berceau , avait déjà toute la
licence des mœurs militaires.

D'ailleurs , la plupart de ces constructions , dont le mérite peut être revendiqué par les architectes, ne portent avec elles aucun caractère d'invention. Il se fit dresser une colonne de bronze (1), qui n'est que la copie de la colonne Trajane, et des arcs de triomphe sur le modèle de ceux de Rome et de France. On éleva des ponts de fer semblables à ceux d'Angleterre, et la nouvelle galerie du Louvre n'est que l'inutile répétition de l'ancienne. Que dire de la folie du monument qu'il voulut élever sur le Mont-Cenis, après la bataille de Lutzen , et pour lequel le conseil de régence vota 25 millions? O délire de l'orgüeil et de la flatterie !

Quelle pitoyable ivresse que d'avoir fait colporter à Paris les chevaux de Bisance, pour les atteler à son char doré ! Quelle ambition déloyale, basse et digne des barbares, de dépouiller les pays vaincus de tous leurs chefs-d'œuvres ! A Potsdam, ne s'empara-t-il pas de l'écharpe et de l'épée de Frédéric que l'on a vu suspendues dans l'église des Invalides ?

____

(1) On a dit, au sujet de cette statue : « Malheureux, « si tout le sang que tu as fait verser était réuni ici, tu « pourrais en boire sans te baisser. »

Tout cela est d'un larron glorieux ; et si quelques autres lui en donnèrent l'exemple, il n'eut
pas assez d'élévation d'ame pour voir ce qui
est à imiter ou à rejeter. On ne doit prendre
dans la guerre que les attirails et les munitions
dont elle fait usage, voilà les seuls trophées
réservés au vainqueur. La France, redevenue
magnanime, rendra ces futilités propres à
nourrir contre elle le ressentiment des nations
dépouillées des chef'- d'œuvres de leurs ar-
tistes. Sa gloire est de rivaliser avec elles,
même dans les arts ; et certes, je ne vois pas
quelle illustration on peut acquérir par de
pareilles conquêtes ; si elles attestent nos succès militaires, elles servent plus encore à nous
humilier, en attestant aussi, par la comparaison, une infériorité marquée dans les pro-
ductions de goût et d'imagination.

Quant aux routes si vantées du Mont-Cénis
et du Simplon, ces routes, qui ne sont que
l'ouvrage de la patience, présentent des er-
reurs politiques ; car les premières notions
d'un ordre général en Europe, devaient faire
présumer que l'Italie ne resterait pas à la
France. Ces larges percées sur les flancs des
montagnes, véritables limites posées par la
nature, étaient donc des portes ouvertes

contre la France elle-même ; et devenues de continuels sujets de craintes pour les souverains du Piémont, de la Lombardie et de l'Autriche elle-même ; réintégrés dans dans leurs droits, elles devaient être tôt ou tard rompues ou barricadées.

La conduite des eaux de l'Ourcq à Paris, est un ancien projet dont la chèreté avait détourné ; mais y avait-il rien de trop cher pour celui qui levait 1500 millions d'impôts, colorés par quelques embellissemens ?

Quand le peuple de toutes les classes, dans une profonde misère, redemandait avec des larmes brûlantes du pain, du travail et les bras des enfans nourriciers des pères et des mères, Buonaparte lui donnait des fontaines, des quais, des trottoirs, et abattait la moitié de Paris pour faire des percées. Respecta-t-il la justice? Il faisait casser par le sénat les jugemens des jurés, et renvoyait devant des commissions militaires, des personnes dont il prononçait d'avance la mort.

Quelle tyrannie que celle de sa censure (1),

____

(1) Ayant voulu mettre dans un ouvrage l'éloge de l'archiduc Charles, le censeur me dit que cela blesserait Buonaparte : il fallut l'effacer.

de sa police civile et militaire ! que dire de
son système de conscription , par lequel il
décimait régulièrement la population ? et
semblable aux dissipateurs qui abbattent
les bois avant qu'ils soient parvenus à leur
grandeur , il faisait des *coupes* d'hommes
parmi la jeunesse de dix-huit ans. A sa voix,
à son geste courroucé , ces malheureux, mu-
selés par les préfets et les gendarmes, se ren-
daient paisiblement aux champs de la mort,
ainsi que le bétail harcelé par *les* chiens du
berger , hâte sa marche pour les lieux où il
doit être égorgé.

Passons à la politique générale de Buonaparte et de cabinet.

Depuis son avènement au rang suprême par
la complaisance irréfléchie de la nation française , on remarque dans toute sa conduite le
délire produit par une élévation au-dessus de
son mérite. On ne voit plus qu'un tissu de
violences, d'envahissemens, de rapines. Ce
n'est plus qu'un furieux déchaîné , favorisé ,
par intervalles, de quelques lueurs de raison,
et qui se plaît à faire trembler l'Europe,
et ceux qui, par ambition personnelle,
l'avaient porté sur un trône dont la hauteur
lui fit tourner la tête.

Profitant de toutes les théories perverses que lui avaient légué ses devanciers dans le gouvernement de la république, il ajouta encore à ces théories, et se fit un code politique supérieur à tout ce que l'histoire nous a transmis de plus immoral.

Son cabinet employa constamment, comme moyens de succès, les menaces les plus insolentes, l'excitation à la révolte, la corruption et tous les genres d'intrigues. A aucune époque, l'art de rançonner le faible et le vaincu, l'ami et l'allié, ne fut porté si loin; et Buonaparte était fier d'une politique barbaresque qui lui procura plus d'un milliard, dont une portion entra dans sa cassette particulière, tandis que, d'une autre part, il portait sa liste civile de vingt-quatre millions, à un revenu de soixante-dix-sept millions.

Voué à une sorte d'insociabilité avec toutes les nations et tous les gouvernemens qu'il croyait capables de lui résister, il en profitait pour se donner, tous les dix-huit mois, *le délassement des combats*, ainsi que les souverains se donnent le plaisir innocent de la chasse; et après avoir fait tomber cinq ou six cent mille têtes, il revenait chez lui, et on le comparait Marc-Aurèle et à Trajan.

Car s'il existait quelqu'excuse en faveur de l'Attila moderne, on la trouverait en partie dans les adulations dont il fut l'objet, et qui étaient propres à perpétuer son délire.

Le plan annoncé par Buonaparte à la paix de Tilsitt, fut la division de l'Europe en deux grandes sections ; celle du nord, sous le patronage et l'influence de la Russie, et celle du midi, sous le protectorat ou plutôt sous la domination de la France. C'est à la suite de cette division, dont le motif apparent était de tenir l'Europe dans une paix constante, sous l'égide des deux premières puissances du continent, que Buonaparte commença à s'emparer de toute l'Italie, du Portugal, de l'Espagne, de la Hollande, et ensuite des villes anséatiques. Se flattant d'avoir séduit Alexandre à Tilsitt et à Erfurt, par ses artifices et ses mensonges, il crut qu'il n'éprouverait plus aucune résistance dans le centre et le midi de l'Europe. Sa politique vagabonde n'eut bientôt plus de bornes. Par l'envahissement de Raguse, il pesait sur la Turquie, dont il préparait le partage ; ou au moins eut-il forcé le grand-seigneur à lui céder l'Egypte, qu'il ne perdit jamais de vue.

Jamais Buonaparte ne voulut la paix avec

l'Angleterre , parce qu'il sentait bien qu'elle entraverait ses opérations rapaces ; car dans un ordre régulier , et dans le calme de la paix , on ne peut se permettre des envahissemens qui changent les proportions de puissance. Aussi voit-on que, quand il négociait avec le cabinet anglais , il proposait toujours que chacun des deux Etats fît , de son côté, ce qu'il voudrait. Ce plan n'ayant pas été agréé , il rejeta sur la Grande-Bretagne les divers envahissemens qu'il se permettait. Tous les monarques, tous les gouvernemens, jusqu'au pape Pie VII, étaient , à l'entendre, stipendiés par l'Angleterre , laquelle n'avait d'autre vue, suivant lui, que d'étouffer la civilisation, et de faire rétrogader l'Europe vers la barbarie. Buonaparte était peuple dans ses ressentimens (1), ignorant que la vraie politique ne connaît point de haine.

Son cœur s'alimentait de haine comme sa puissance d'envahissemens. Avec les peuples vaincus , il remplaçait ses pertes d'hommes , et faisait de nouvelles conquêtes , semblable

---

(1) Sa haine contre l'Angleterre était telle, que, voyant un jour un de ses écuyers qui courait à l'anglaise , il le destitua sur-le-champ.

aux torrens qui attendent des orages le rem-
placement de leurs eaux perdues dans les dé-
bordemens ; c'est par ce système d'accroisse-
ment accéléré, qu'il parvint à écraser de puissantes monarchies. Quoique personne ne fût
plus jaloux pour sa personne des prérogatives
de la royauté, on sait combien il se plut à
outrager les rois et les princes, les destituant
même comme des fonctionnaires publics (1).
C'était *le génie des noires tempêtes* des peuples du nord.

Pour couvrir l'atrocité de sa conduite et les
immenses effusions de sang faites sans objet,
il en appelait à l'avenir, et annonçait que
c'étaient les jets d'un vaste plan qui, insensi-
blement, se développerait (2) par de nou-

---

(1) Buonaparte disait un jour dans un style de canni-
bale échauffé : «Placé sur les confins du monde, je
« noyerai tous les rois avec mes pistons. »

(2) Il fait dire au confident de ses plaisirs, le sieur
Duroc, au moment où celui-ci allait finir sa vie, que
DANS TRENTE ANS il aurait rempli ses projets. Ainsi Buonaparte, après avoir fait périr quatre millions de Français en dix ans, ne demandait plus que trente ans de
guerre pour accomplir les glorieux destins de la France.
Et ses nombreux partisans l'eussent laissé faire ; car,
certes, le mérite de la révolution n'appartient qu'aux

velles guerres, guerres dont le germe était toujours dans la dernière paix ; car jamais sous son gouvernement, depuis son consulat, on ne fit une paix raisonnable ; ce n'étaient que des *paix platrées*, des *paix d'agiotage*, et qui, conclues avec toute la célérité de l'ignorance, ne devaient durer que le temps nécessaire pour organiser de nouvelles levées et combiner de nouvelles destructions qui embrassaient *les deux hémisphères*. Car ses vues ne s'étendaient que jusques-là ; et ce qui paraîtra une hyperbole, est susceptible d'une démonstration morale. Il est bien constant qu'il voulait envahir l'Europe, et passer dans l'Inde Anglaise, pour la soumettre à ses lois. La Turquie, l'Egypte, étaient déjà menacées ; mais on ignore peut-être que croyant la conquête de l'Espagne assurée, il avait chargé un des inspecteurs en chef du génie d'envoyer de Cadix, sur toute la côte d'Afrique, des officiers de génie pour en lever le plan ; et aucun de ceux qui reçurent cette destination n'est revenu.

---

puissances étrangères, et plusieurs de ceux qui, aujourd'hui, lancent des traits sur le tigre abattu, ont plus d'une fois partagé avec lui la proie.

Quant à l'Amérique, la conquête de l'Espagne lui fournissait un prétexte pour envahir les colonies d'Amérique, et elles furent en peu de temps remplies de ses émissaires. L'occupation du Portugal l'eût conduit à revendiquer le Brésil. Enfin, il avait acquis de l'Espagne la Louisiane; et deux officiers généraux (1) furent envoyés, l'un dans les Etats-Unis, l'autre dans le Canada, pour en dresser secrètement la carte. Le premier fut arrêté et renvoyé; le second fut saisi par le gouvernement anglais : on ignore ce qu'il est devenu. On sait maintenant quel a été le résultat de tant d'improbité et de déraison, ainsi que de cet esprit *humanicide*. La ligue de toutes les nations conjurées à fait enfin prévaloir les lois de cette providence qui ne permet pas que le crime détruise tout ce que sa sagesse a créé. Puisque Buonaparte a eu la modestie de comparer son abdication à celle de Charles-Quint, voyons si le parallèle est fondé.

Charles-Quint abdiqua librement, mais ce fut après avoir accompli ses projets, qui étaient de chasser les Turcs de la Hongrie, d'abattre la ligue des protestans d'Allemagne

---

(1) Voyez le *Voyage à la Louisiane.*

et d'amener son rival, François Ier, à renoncer à ses prétentions, sur le duché de Milan et sur Naples.

La démission forcée de Buonaparte, a été l'expiation de ses excès en tout genre. Il a été renversé ainsi que ses desseins. Si la France rentre dans ses limites de 1792, il ne restera rien de sa politique extérieure; et au-dedans il ne subsistera que quelques édifices dont la haine publique ou l'injure du tempsfe ront justice.

Charles-Quint gouverna la moitié de l'Europe et du nouveau monde avec fermeté, dignité, et par les moyens admis entre les nations civilisées; jamais son génie ne fut au-dessous de sa puissance. A mesure, au contraire, que celle de Buonaparte se développait, sa tête s'affaiblissait, et ses moyens de succès devenaient plus vils ou plus tortueux.

La bravoure de Charles Quint fut celle d'un grand monarque qui, sans provoquer follement les dangers, sait que, pour l'entretien de l'honneur des camps, il doit quelquefois affronter les dangers. Le courage de Buonaparte n'était que la rage sanguinaire d'un soldat échauffé par la boisson, ou du pacha féroce qui comble les fossés des forteresses avec les corps des janissaires.

Charles-Quint, dans un règne de plus de quarante ans, essuya quelques disgraces ; mais avec quelle admirable prudence il les réparait ! Buonaparte ne faisait face à ses revers que par d'immenses levées ; et la faiblesse de ses talens perça du moment que les levées diminuèrent ; mais ce fut toujours la même témérité, le même orgueil, le même aveuglement. Aussi ne put-il jamais se reveler du premier échec sérieux qu'il ait éprouvé au retour de Moscou (1).

Enfin Charles-Quint, après avoir pourvu à tout, en père et en roi, et avoir laissé à son frère ses états d'Allemagne, et à son fils les Espagnes ; Charles-Quint, après avoir travaillé pour les siècles, assure sa gloire contre l'inconstance de la fortune par une abdication

---

(1) On a attribué ce désastre fameux à la rigueur de la saison : sans doute ; mais Buonaparte eût trompé la saison s'il fût parti de Moscou quinze jours après y avoir laissé reposer ses troupes. Ce parti était commandé par la nécessité des communications et par l'ensemble de sa ligne d'opérations qui était coupée. Mais il croyait que l'empereur Alexandre se hâterait, pour faire évacuer sa capitale, de consentir à tous les sacrifices. Ainsi l'échec de Moscou fut l'effet de mauvais calculs militaires et politiques.

que ne troublèrent jamais les regrets ni les remords ; et placé, en quelque sorte, entre la vie et la mort, ce grand monarque recueille, avant d'entrer au tombeau, les acclamations de la postérité.

Buonaparte disparaît avec sa famille sous des ruines, et il n'a pas de successeurs. Il connaîtra à-la-fois les regrets et les remords. Son nom, flétri par les qualifications de dévastateur des nations, d'homicide de la sienne, et d'aggresseur insensé de tous les rois, parviendra sans doute à la célébrité ; et cette célébrité malheureuse à laquelle il sacrifia tout, sera son immortel châtiment.

De la restauration politique de l'Europe.

Le monde entier, et l'Europe principalement, offrent une relation d'états. Si quelque grande puissance est en hostilité permanente avec les autres, le mouvement général est interrompu, et il s'ensuit des choses et des déplacemens plus ou moins dangereux pour la république européenne. La sûreté des états est confiée aux puissances assez éclairées et assez désintéressées pour s'occuper du repos général, en défendant l'existence de ceux qui sont menacés. C'est ce principe de propre sûreté , et de conservation générale , qui a fini par armer contre l'ambition du gouvernement révolutionnaire de la France, tous les grands pouvoirs de l'Europe.

La présente coalition n'a point imputé à la nation française le délire de ses chefs ; elle n'a pu y voir tout au plus qu'un peu trop de condescendance pour ceux qui avaient su la séduire par l'apparence de vertus qui n'étaient que des vices détestables.

La France n'étant plus en guerre ni comme nation ni comme cabinet, l'état de guerre a dû cesser du moment de la déchéance de Buonaparte, et que Louis XVIII lui a succédé par ses droits propres. Néanmoins l'état de Paris n'est pas encore arrêté ; c'est une position mixte dont il est de l'intérêt de tous de sortir promptement.

On a vu dans quel désordre la révolution française avait jeté l'Europe ; on a vu qu'elle avait successivement enlevé, détruit ou dénaturé ,

1° Avignon et le comtat Vénaissin ;

2° Le Piémont, la Savoie et le comté de Nice ;

3° Genève, le Valais, Bienne et plusieurs alliés des cantons ;

4° La Lombardie ;

5° Parme, Plaisance et Modène ;

6° L'état romain ;

7° Gênes, Lucques, Venise et Raguse ;

8° La Toscane et les Présides ;

9° Le royaume de Naples ;

10° La plus grande partie des possessions de la maison d'Autriche au midi ;

11° La moitié des états de la Prusse ;

12° Le corps germanique et principalement les électorats d'Hanovre, de Mayence, de Trèves et de Cologne, les villes anséatiques et plusieurs grands fiefs immédiats, soit laïcs, soit ecclésiastiques.

On ne parlera point ici de l'Espagne et du Portugal, réintégrés dans leur indépendance par le courage des Anglais et des nationaux. Néanmoins l'insurrection de plusieurs vastes colonies espagnoles est un objet qui n'est point indifférent à l'Europe elle-même.

L'illustre maison de Savoie, depuis si long-temps amie de la France, et dont un des membres est en ce moment au service du roi, rentrera dans la plénitude de ses droits améliorés.

D'un autre côté, la guerre de la révolution a dépouillé un grand nombre de souverains, soit par conquêtes, soit par compensation, soit par des traités. Il s'agit de savoir jusqu'à quel point les puissances coalisées étendront eu leur faveur le principe des indemnités; ou si se laissant guider par des vues aussi nobles et désintéressées que leur conduite jusqu'à ce jour semble l'annoncer, elles se rapprocheront pour elles - mêmes, AUTANT QUE POSSIBLE (1), du *statu quo* avant la révolution. On sent, du reste, que ce *statu quo* ne peut être complet.

L'ordre général européen sera-t il rétabli

---

(1) Je dis *autant que possible*, car on sait que les alliés ont pris des engagemens irrévocables avec plusieurs états et souverains qui ont concouru à l'exécution de leur plan libérateur. Ainsi la Norwège a été garantie à la Suède; des garanties de possessions récentes ont été accordées à plusieurs états d'Allemagne, etc. etc. Le sort de la Belgique a été compromis, depuis qu'on y détruisit trop légèrement les places *de la barrière*, par une erreur qui en a facilité la conquête, ainsi que l'invasion de la Hollande. Ce beau pays, si sur-tout l'empereur ne le reprend pas, doit subir une modification importante, et se rapprocher des desseins des cabinets à la paix d'Utrecht.

par un congrès? Cette voie, qui est compliquée par ses formes, peut être longue et dèslors dangereuse. D'ailleurs, un congrès a lieu lorsqu'il s'agit de discuter des points litigieux. Or, la plus parfaite harmonie existant entre la Russie, l'Autriche, la Prusse et l'Angleterre, il s'agit moins de discuter que d'arrêter un acte solennel, dépositaire des vues des grandes puissances. Il vaudrait mieux peut-être qu'un conseil composé des principaux ministres des cours alliées, et auquel le ministre de France serait admis, réglât la nouvelle distribution de territoire, en prenant pour base approximative l'ordre ancien. Il s'agit moins ici de faire un traité que de fonder la *grande charte européenne*, dans laquelle on pourvoira au rétablissement de l'équilibre général, soit en relevant des états abattus et dont l'existence est nécessaire, soit en établissant de sages proportions de puissance entre les grands états, de manière qu'assez forts pour repousser toute aggression, ils ne le soient pas assez pour opprimer leurs voisins, et menacer de nouveau l'ordre général si ouvertement compromis. On combinera dans un esprit d'équité le système européen et le système français, car l'accord

de l'un et de l'autre est de la dernière importance, et on aura en vue de satisfaire également toutes les grandes puissances.

Je ne crois pas superflu de rappeler ici les
bases de l'ancien équilibre européen.

Le système suivi constamment en Europe,
depuis plus de trois siècles, était un équilibre
des grandes puissances autour desquelles se
groupaient les états inférieurs.

La France, l'Autriche, la Russie, la Prusse
et le corps germanique joints à quelques états
du midi et du nord, tels que l'Espagne, le
Portugal, Naples, la Sardaigne, la Hollande, la Suède et le Danemarck entraient en
raison de leurs forces dans cet équilibre
général.

L'Angleterre, quoique plus essentielle-
ment puissance maritime, n'était nullement
étrangère à cet équilibre, par suite des rapports entre la terre et la mer, et elle influait
sur le sort des guerres continentales par sa
marine, ses troupes et ses subsides. Bien plus,
la cour de Londres était, à proprement parler,
le vrai contre-poids de la France, sur mer,
par ses flottes, et sur terre par ses alliances.

Il y avait en outre, des équilibres partiels :

tel était celui du centre de l'Europe entre l'Autriche et la Prusse, secondée de quelques états d'Empire.

La Russie faisait un équilibre apparent avec la Turquie que soutenaient indirectement d'autres puissances.

Le Danemarck balançait la Suède ; l'Italie était divisée en plusieurs souverainetés, parce que l'on n'avait pas cru avantageux qu'elles fussent réunies sous le même sceptre ; des princes des maisons de Bourbon et d'Autriche en étaient les possesseurs. Si l'Espagne suivait fréquemment l'impulsion de la France, le Portugal obéissait à celle de l'Angleterre.

La Hollande hésitait depuis un demi siècle entre la Grande-Bretagne et la France, tantôt par la crainte de la marine anglaise, tantôt par l'effroi des armées de la France. Depuis la démolition des places de la barrière, elle penchait pour la neutralité. L'édifice européen avait éprouvé des brèches dans le nord, principalement par les conquêtes de la Russie sur la Suède, la Pologne et la Turquie ; mais on observera, à l'égard du partage de la Pologne, que les trois principales monarchies du nord y ayant été appelées, cet évènement laissait les proportions de puissance

entr'elles ; et, quant à la France, comme
elle devait toujours trouver parmi ces trois
monarchies quelque allié, les effets du partage
étaient moins fâcheux que si une seule cour
eût tout pris pour elle. Cet événement, que
l'esprit de dissention des Polonais provo-
quait depuis quarante ans, a eu pour effet
sensible l'admission de la Russie dans le
système européen ; mais quand on voit le service mémorable qu'elle vient de rendre à
l'Europe, on ne peut point s'en plaindre.
Ainsi, à la naissance de la révolution, l'équilibre général sur terre subsistait d'une manière satisfaisante, et il était aisé de le maintenir par la vigilance.

Equilibre maritime.

Sur mer, la puissance maritime de l'Angleterre, quoique appuyée sur un commerce
immense, était contenue par une opposition
de marines, dont la principale était celle de
France accrue de celle de l'Espagne.
. Le Nord avait un équilibre maritime partiel
composé de la Russie, de la Suède et du Danemarck. Son objet, quand la guerre n'écla-
tait pas entre ces puissances, était depuis un

certain nombre d'années , le maintien des droits des neutres ; et la Hollande ne demandait pas mieux que de se rallier à la neutralité maritime.

Le Midi avait un équilibre maritime dans Venise , le Portugal , Naples , Malte ; mais ces états n'étaient guères unis que contre les barbaresques.

La marine turque balançait la marine russe de la mer noire. Ces diverses marines empêchaient l'asservissement des mers. Quoique les circonstances et la variété des intérêts amenassent dans la combinaison de l'équilibre européen , des changemens et des déplacemens inattendus, un équilibre approximatif subsistait toujours. Quelquefois il n'était pas très-déterminé ; mais lorsque les affaires publiques tendaient à se-brouiller; c'est alors que les cabinets concertaient et balançaient , d'après leurs intérêts respectifs et les forces des diverses puissances. Au lieu de ce vaste édifice continental et maritime, résultat des plus profondes méditations et de longues guerres pour le consolider (quoique les ignorans et les révolutionnaires le regardassent comme l'effet du hasard) , le nouveau cabinet français avait substitué de prétendus systèmes

.d'*agglomération*, *de centralisation*, qui n'é-
taient qu'un plan d'invasion universelle. On
commençait par affaiblir les grandes, et on
détruisait tous les états du troisième et qua-
trième rang. Ceux-ci, pourtant, n'étaient nullement inutiles à l'harmonie générale. Ils entraient dans les combinaisons de l'équilibre et
servaient à le completter. Ils étaient même
modérés par suite de leur faiblesse; ils invitaient
les grands états à la paix. Souvent ils remplirent
le rôle de médiateurs et de puissans monarques; allèrent chercher dans les familles qui
les gouvernaient, des épouses que des mo-
tifs politiques les empêchaient de prendre
dans de grandes cours.

La France, au moyen de son système de
concentration, avait presque réuni à elle
tous les états, jusqu'à la Saale et l'Elbe, et
elle avait des places de sûreté sur la Vistule,
d'où elle menaçait la Russie. Occupant des
forteresses en Prusse, disposant despotique-
ment de la confédération du Rhin et des cantons Suisses, pesant déjà sur la Turquie, et
enveloppant l'Angleterre par dés côtes immenses, Buonaparte avait détruit tout équilibre général et particulier ; et, si par une
fortune inattendue, due moins peut être aux

calculs qu'au délire de l'auteur de tant de maux, ce personnage n'eût ruiné sa propre puissance, en sacrifiant un million de troupes excellentes dans les campagnes de 1792, 1793 et 1795; c'en était fait de l'europe.

Aujourd'hui les rêves de l'usurpateur de tous les droits sont dissipés. La France en a trop payé la fatale illusion, et l'Europe en a aussi trop éprouvé les dangers. Il faut que celle-ci se réorganise, en améliorant, s'il est possible, l'ancien droit public européen. La guerre de la révolution a amené quelques événemens sur lesquels on ne pourra peut-être pas revenir; mais dans les parties essentielles, l'ancien ordre peut être rétabli du moment que la France renonce à ses funestes conquêtes. Elle avait absorbé des états nécessaires à la durée, à la vie de l'Europe; la restitution qu'elle en fait, est un pas immense vers le bonheur universel; et quoique cette restitution ne soit pas purement bénévole, elle s'exécute de si bonne grâce, et avec si peu d'arrière-pensée, qu'on lui doit encore quelque sentimens de gratitude, car sa résistance funeste à elle-même, eût été funeste à tous.

Les réunions injustes et arbitraires opérées

en Allemagne par la distribution d'indemnités où la Russie fut dupe de la France, sont
un des points les plus importans à rectifier
pour le corps germanique.

Le sort de l'Italie sera fixé sans peine ; celui
de la Hollande l'est déjà. Celui de la Belgique
n'est encore que soupçonné.

Il *faut la paix de l'Europe ;* c'est le mot
d'Alexandre. Mais pour y parvenir, il faut une
paix raisonnée où les intérêts des grandes
puissances soient ménagés : une paix diffé-
rente de l'agiotage politique et financier auquel on donnait ce nom. Ceux qui, jusqu'à ce
jour, depuis vingt ans, se sont mêlés en
France de porter leur main téméraire sur le
caducée, n'ont eu en vue que de flatter lès
passions des gouvernans, et d'arriver à leur
fortune particulière. Aucune idée d'ordre
public, aucune pensée d'organisation générale ne les guida. Le système de ces empyri-
ques intéressés était de placer partout des
rois vassaux du *grand empire,* en sorte qu'une
contre-révolution fut à jamais impossible. Ce
jour les effrayait plus que celui du jugement
dernier. Feignant d'assurer le repos de l'Europe, ils laissaient toujours des pierres pour
la suite de leur système perturbateur qui avait

mis la France en guerre perpétuelle avec
l'Angleterre, et en guerre toujours immi-
nente avec le continent : aussi ne manquait-
elle jamais d'éclater tous les dix-huit mois au
plus tard, avec l'Autriche, la Russie et la
Prusse. Les intervalles de la paix étaient rem-
plis par des envahissemens et la violation de
tous les traités.

Si les intentions et les moyens étaient détestables, les talens étaient d'une faiblesse
extrême. On ne voit dans les compositions
diplomatiques que l'esprit et la forme du pam-
phlet, et un mépris insultant accompagné
de menaces. C'était le génie des Brissot et
des Carra, se délectant à outrager les rois ;
et à la faveur d'un jargon révolutionnaire
auquel, aux mots de peuple et de nation, on
avait substitué les noms *de sa majesté l'empereur des Français et roi d'Italie, protecteur et médiateur,* etc., mots qui couvraient
un jacobinisme cinique et la haine implaca-
ble des autres rois. Les Castelreagh, les
Nesselrode, les Métternich viennent enfin
donner une leçon de vraie politique à ces
avanturiers de cabinet, dont l'ame froide et
vénale ne s'échauffa jamais que pour amas-
ser de l'or.

La présente paix , concertée entre toutes les grandes puissances et garantie par elles , deviendra la grande chartre diplomatique de l'Europe ; et en offrant un frein à tous , elle fera le bonheur de tous.

De nombreux traités de commerce faisant participer les peuples à l'amitié des souverains , les réuniront ainsi que dans une immense famille.

Tant de plaies qui saignent encore , le poids des dettes publiques , et sur-tout l'illusion démontrées des folles ambitions , sont pour l'Europe de nouveaux garans qu'aucune puissance ne peut trouver de grands avantages à rompre la paix. Mais ce qui donne le plus solide espoir d'une prompte restauration, c'est la grande ame , c'est le caractère connu des souverains qui concourent à cette œuvre magnanime , la plus importante qui jamais ait occupé les cabinets , et qui suffit pour éterniser leur mémoire.

Louis XVIII , Alexandre , François II , Frédéric-Guillaume, et vous surtout, NATION BRITANNIQUE , à qui l'Europe doit sa liberté, ses biens , son existence ; vous qui conservâtes en dépôt le sang des Bourbons ; vous à qui l'Espagne éleva une colonne de reconnaissance, dont les frais devraient être partagés entre tous les peuples civilisés; vous êtes tous appelés à stipuler, en ce moment, pour la génération présente et pour des mil-lards d'hommes à naître.

De la restauration de la France au-dehors.

Il est aisé de démontrer que *l'Empire français*, en 1813, était bien moins puissant que la monarchie française en 1789. Il existait entr'eux la même différence qu'entre un géant mal proportionné, affaissé sous le poids de sa stature, et l'homme d'une taille moyenne, mais dont toutes les parties offrent un ensemble parfait.

La France, avant la révolution, avait d'excellentes frontières du côté des Pays-Bas, de la Lorraine, de l'Alsace, de la Franche-Comté. Au sud, elle avait les Pyrennées et l'alliance avec l'Espagne; au sud-est, les Alpes et le roi de Sardaigne, ami de la maison de Bourbon, depuis un demi-siècle. Les côtes de l'Océan et de la Méditerranée étaient garanties de toute attaque par des places fortes et par la marine.—Rassurée ainsi de tous côtés, la France pouvait, sans mettre

5

sur pied des forces très-considérables , maintenir sa dignité en Europe , ou si elle était
entraînée à la guerre avec le continent , elle
débouchait par l'Allemagne avec la plus
grande sécurité pour la majeure partie de
son territoire.

Par une suite de combinaisons contraires ,
la France avait des barrières politiques du
côté de l'Italie , où elle trouvait des oppo-
sitions très-fortes si elle eût voulu l'envahir.
La puissance autrichienne , secondée d'une
partie de l'Empire, se retrouvait dans le Mila-
nais, sur les bords du Rhin , et enfin dans
la Belgique. — Tout avait été calculé sur le
continent pour assurer la sécurité , et dé-
goûter des tentatives d'une ambition devenue
presque impuissante.

La cour de Londres observait la France
non moins qu'elle en était observée ; et cette
vigilance jalouse , mais non hostile , garantis-
sait la liberté du commerce et l'indépendance
des états maritimes.

Au commencement de 1813 , dans la plénitude de ses nouvelles acquisitions, la France
avait perdu ses meilleures frontières , parce
que rejetées dans l'intérieur, elles ne couvraient plus son territoire. — Ainsi les lignes

de citadelles placées en Alsace et en Flandres étaient devenues nulles.

Du côté des Pyrennées, une guerre dont l'entier succès n'eût valu à la France qu'un désert, avait porté en apparence ses armées jusqu'au colonnes d'Hercule. En Italie, on ne trouvait que quelques places mal liées, et aucun système défensif. Du côté de l'Allemagne, la France n'avait sur les bords de l'Elbe que quelques forteresses éparses enclavées dans des pays peu favorablement disposés. Sur les divers océans, plus d'escadres; et au-delà des mers, pas une colonie, c'est-à-dire, aucune source de prospérité extérieure. Doit-on s'étonner que la France ait été entamée de toutes parts dans la guerre présente, et que les coalisés y soient entrés comme dans une ville sans ouvrages avancés ?

Si on passe à la force morale, on verra que la grande extension de l'empire français, en lui adjoignant une foule de nations différentes, de mœurs, de génie et de costumes, avait détruit l'esprit public ; l'amour de la patrie est d'autant plus vif que le territoire de l'état est plus rétréci.

Le système fédératif français, avant la révolution, reposait principalement sur l'alliance perpétuelle avec l'Espagne ; celle avec l'Autriche , qui n'était que défensive, n'était point un esclavage ; et si l'on traitait la question avec quelque étendue, il serait facile de prouver que la France, sous les dehors de l'amitié, contenait la cour de Vienne tout autant qu'elle eût pu le faire par la menace des armes, et qu'en plusieurs occasions, cette alliance fut très - utile à la France. Des états d'un rang secondaire en Allemagne et en Italie complétaient le système fédératif de la cour de Versailles. De tout cela, il résultait que la France, forte par elle-même et par ses alliés, et pacificatrice par esprit de véritable grandeur, était devenue l'appui des états les plus faibles, et l'objet de la recherche des plus puissans.

Le nouveau système fédératif de la France était nul, au moment où les deux tiers des états de l'Europe paraissaient le plus intimement unis à la France. Un revers a prouvé que leur *grand allié* était le véritable ennemi qu'ils voulaient détruire. Buonaparte ignorait qu'il n'y a d'alliance solide que celle qui, ratifiée par le cœur , est d'accord avec l'intérêt de l'état.

Le cabinet de Louis XVIII rétablira faci-

lement son ancien système fédératif. Le sou-
venir de sa fidélité aux traités, les rapports
naturels, le bon choix des agens diplomatiques (1), le retour aux véritables droits des
gens et un esprit de conciliation qui n'appartiennent qu'aux ames élevées, accéléreront le
renouement des alliances désirables. Un bon
système militaire, principe de sécurité au-
dedans, et de considération au-dehors, consistera dans une armée qui ne sera point me-
naçante par le nombre, mais seulement ras-
surante contre les événemens imprévus.

La remise faite à Louis XVIII des conquêtes
faites sur l'ancien territoire Français, en attestant l'intention de renoncer pour jamais à
la conquérir, doit en même temps éloigner
du cabinet des Thuileries l'idée des conquêtes.
La France *doit être forte ;* voilà l'axiome des
premiers souverains de l'Europe; et cet axiome
est rassurant pour tout le monde.

La force de la France se tire de l'étendue
de son riche et populeux territoire, de la

---

(1) Louis XVIII trouvera dans l'ancienne diplomatie
des personnages honorés de l'Europe, tels que le duc de
la Vauguyon, le baron d'Escars, le comte de Choiseul-
Gouffier, etc.

bonne disposition de ses frontières militaires et naturelles , bien supérieures à toutes les limites fantastiques tracées sur l'Elbe et la Sarre.

La force de la France se déduira aussi de l'étendue de son commerce ; puisque le commerce est aujourd'hui une des bases positives de la puissance , malgré l'opinion de quelques politiques du jour, qui pensaient que la France avait assez de son agriculture, et qu'elle pouvait se passer de commerce.

L'Angleterre rendra sans doute, par une générosité à laquelle elle attache sa gloire, les colonies françaises, sauf quelques échanges et compensations consenties à l'amiable.

' Tout étant ainsi remis à sa place, la France reprendra son ancien lustre. Une longue paix que tout garantit , sera sur-tout le gage de la restauration de la France. La bonne intelligence entre les Bourbons et la maison d'Hanovre est publique, et la cour de Londres est par les faits suffisamment absoute des calomnies répandues contre elle, et d'avoir, en particulier, préparé et fomenté la révolution française. Aujourd'hui que tout est dévoilé, on ne connaît rien qui indique que l'Angleterre ait excité notre révolution, dont les

meneurs étaient très - indépendans de toute
influence, autant par l'impétuosité de leur
esprit que par leurs vues d'ambition personnelle. La cour de Londres craignait trop,
sur - tout dans l'origine, que l'incendie ne
gagnât la Grande - Bretagne, où un certain
nombre de cerveaux exaltés applaudissait aux
écarts de nos novateurs.

Toutefois, le cabinet anglais, toujours très-
réfléchi, parce qu'il se compose, en général,
des plus fortes têtes de la nation, put, sur-
tout dans la variété des circonstances, avoir
plusieurs vues. En voyant la nation britannique menacée dans son institution, et même
dans son existence, il fit plusieurs démarches
qui avaient pour but principal de diminuer
l'action terrible d'une nation poussée par des
frénétiques ; et cette conduite, nécessitée par
sa sûreté, a amené la ruine de la marine et
du commerce français ; mais une seconde vue
fréquemment attestée, c'est l'intérêt que la
cour de Londres n'a cessé de porter à la cause
des Bourbons, et son intention persévérante,
quoique quelquefois moins manifestée, de
faire rendre à cette auguste maison des droits
qui, étant le garant du bonheur de la France,
prouvent dès-lors que la cour de Londres n'a

jamais songé à détruire notre nation, mais seulement la faction qui, sous différentes formes, l'a si long-temps dominée.

Qui ignore les puissans armemens faits par l'Angleterre avec des frais immenses! Qui ignore que Pitt, ce grand homme, l'objet d'une espèce de culte de la part de sa nation, et si justement détesté par les révolutionnaires français, qui ignore, dis-je, qu'il prononça, à l'occasion de la mort de Louis XVI, un des discours les plus pathétiques qui jamais aient honoré la cendre des rois! Qui ignore que ce beau génie, que cet esprit si vaste et si ferme, dit plusieurs fois au parlement, que, quoiqu'on ne pût imposer à la France comme condition de la paix le retour des Bourbons, il n'en regardait pas moins cet évènement comme le plus propre à terminer la guerre. L'on a cité plus haut la lettre par laquelle lord Grenville, sous le ministère de Pitt, manifesta hautement la même intention.

Que l'Angleterre (1) n'a-t-elle pas fait pour

---

(1) L'on apprend, dans ce moment, que la ville de Londres a presqu'en entier arboré la cocarde blanche, et qu'elle est pour ainsi dire française. C'est ainsi que Louis XVIII a fait l'estime, la conquête d'une ville

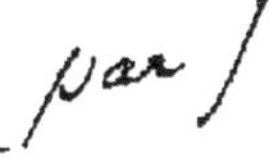

les Bourbons d'Espagne et de Naples ? Ne les a-t-elle pas aidé de ses armes comme s'il eût été question de défendre son territoire ? N'est-ce pas l'armée de Wellington, de ce guerrier au-dessus de tous les éloges, qui, libérateur du Portugal et des Espagnes, poursuivait avec un courage et une sagesse incomparables, la libération de la France, et en formant le duc d'Angoulême à l'art des héros, mais des héros magnanimes, le rendait d'autant plus cher à une nation, qui rend volontiers les armes à ceux qui savent la subjuguer par l'ascendant des vertus.

Je le répète donc avec une pleine conviction. Jamais la cour de Londres n'eut l'intention de détruire la France. Son système est que celle-ci ne doit jamais être en situation de la conquérir ou d'anéantir son commerce ; mais hors de là, elle n'a jamais prétendu s'opposer à la prospérité de la France, ni morceller son territoire. C'est à ce système du cabinet anglais que la France a dû plusieurs fois son salut. Henri VIII réunit souvent ses forces à celle de François Ier, pour

---

et d'une nation contre lesquelles se brisèrent les fureurs d'un insensé.

maintenir la balance européenne contre Charles - Quint. Dans les guerres civiles du seizième siècle, lorsqu'on conseillait à Elisabeth de profiter de l'occasion de détruire la France, elle répondit : « Qu'elle s'en garderait « bien, parce que le jour où la France péri- « rait, serait la veille de la ruine de l'An- « gleterre. »

Lorsqu'à la paix d'Utrecht, Louis XIV déjoua la ligue de l'Europe, par la paix avec l'Angleterre, le fameux Bolingbroke, qui avait conclu cette paix, interrogé par le maréchal de La Feuillade, pourquoi sa cour n'avait pas profité de la crise où se trouvait la France pour la renverser, Bolingbroke répondit : « Que du moment où la France avait cessé « d'être dangereuse, l'Angleterre avait cessé « d'être son ennemie. » Et dans la tourmente à laquelle nous échappons, c'est à l'Angle- terre principalement, c'est à cette coura- géuse persévérance, à cette *fortitude* à la- quelle Pitt invitait si vivement sa nation, que la France a dû la révolution dont elle goûte déjà les fruits, et le bonheur de rentrer sous les lois de son monarque légitime. Henri IV dut à Elisabeth le recouvrement de ses droits; et notre illustre monarque a ce nouveau trait de ressemblance avec son aïeul. Personne plus que lui, ne sera autant porté à estimer une nation qui l'accueillit avec tout le respect dû à la royauté momentanément dépouillée.

L'Angleterre a une dette de douze milliards (1), qui résulte en grande partie de la guerre qu'elle a soutenue contre la France ; nous ne pouvons pas pénétrer l'intention du cabinet de Saint-James sur l'étendue des indemnités qu'il pourra réclamer sur la Hollande ; mais, d'après la dernière convention, qui est plus qu'un armistice, on a lieu de croire qu'elle rendra toutes les colonies françaises.

Quant aux limites que reprendra la France, une déclaration publique des cours alliées avait parlé de celles de 1789, et avait ajouté même qu'on pouvait faire *plus encore*. Ce plus est en effet fondé sur quelque justice ; si, séparant à jamais la France révolutionnaire de la France sous ses rois légitimes, on regarde celle-ci comme devant être forte pour le bonheur du monde. Les acquisitions que

----

(1) L'Angleterre éteindra sa dette dans une longue paix, à la faveur de sa caisse d'amortissement, qui, depuis sa création, a éteint deux cents millions sterling de dettes, ou près de cinq milliards.

les cours alliées se réservent , pourraient être balancées en faveur de la France par quelques cessions, telles que celles de la Savoie et du comté de Nice, vu qu'il serait fort aisé de dédommager la cour de Turin en Lombardie, et que les Alpes n'en seraient pas moins la limite de la France.

La France recevra Saint-Dominique, la principale de ses colonies, dans un état affligeant, et cette propriété, malgré l'acquisition de la partie espagnole, ne reprendra de long-temps son lustre.

Cette considération devrait porter à lui faire restituer la Guadeloupe, cédée par l'Angleterre à la Suède, que dans le mouvement général on pourrait indemniser d'une autre manière.

Du reste, le génie éclairé de Louis XVIII, si jaloux de l'honneur de la France, garantit qu'il lui obtiendra dans cette circonstance, par sa considération personnelle, tout ce qui peut reporter la France au rang qui lui appartient entre les nations.

De la Restauration de la France au-dedans. *— De Louis XVIII et de la Monarchie.*

Le garant du bonheur futur des Français est : 1° dans le caractère du souverain qui va régner sur eux ; 2° dans le gouvernement qui sera adopté.

Louis XVIII mérita, dès sa jeunesse, l'amour et le respect des Français. Il montra qu'il était l'ami sincère du peuple par les résolutions qu'il fit prendre dans *son bureau*, lors de l'assemblée des notables. Devenu la consolation du vertueux Louis XVI, il resta avec lui jusqu'au voyage de Varennes, et il se rendit, de son côté, à Mons (1), disposé à aller rejoindre le roi aussitôt qu'il serait rendu en lieu sûr. La fortune, hélas ! en disposa autrement.

Arrivé à Coblentz, chez son oncle, l'électeur de Trèves, Louis XVIII se montra alors le digne chef de la grande famille fugitive, lui donnant l'exemple de la constance et de la fermeté.

____

(1) J'étais alors à Mons ; tous les gentilshommes émigrés allèrent offrir à Louis XVIII leurs hommages ; et il nous parla des maux de la France avec une effusion qui attestait combien il en était affligé.

Dans la campagne de 1792, il parut à la tête des émigrés armés; et si des considérations politiques autant que militaires, empêchèrent d'exécuter le plan concerté avec la cour de Berlin, Louis XVIII manifesta au moins son opposition à la retraite.

Retiré dans les états de Venise, où sa qualité de patrice vénitien lui donnait l'indigénat, il ne perdit jamais de vue la France; et lorsque le sénat de Venise, effrayé des menaces du directoire, pria Louis XVIII de choisir une autre demeure, ce monarque fit une réponse improvisée aussi digne de son esprit que de son grand cœur. « Oui, dit Louis XVIII « à l'envoyé du sénat, je quitterai Vérone, « mais à deux conditions : la première, que « vous me rendrez l'épée dont vous fit présent « mon aïeul Henri IV; la seconde, que vous « m'apporterez le livre d'or de la noblesse, « pour que je raye de ma main le nom de ma « famille. »

Louis XVIII se rendit incontinent à l'armée de Condé, annonçant qu'il ne venait pas pour la commander, mais *pour combattre dans les rangs comme le premier gentilhomme du royaume.*

La présence du roi fit un effet si avantageux

tant dans l'armée française que dans l'Alsace et la Lorraine, que plusieurs généraux républicains se disposaient à se soumettre à Louis XVIII, mais la politique trompa encore dans cette occasion la noble ardeur qui animait le monarque. Retiré dans les états du duc de Brunswick, de là en Pologne, et enfin en Russie, où Paul Ier lui avait offert de résider, l'influence du génie jaloux et pervers qui gouvernait la France, altéra les généreux penchans de Paul, et Louis XVIII alla en Angleterre. C'est là que la cour de Londres, secondée par le vœu de la nation anglaise, se plut à rendre à ce prince, ainsi qu'à sa famille, et à leur noble suite, ce que Louis XIV avait fait en faveur du roi Jacques et des compagnons de ses disgrâces. Louis XVIII a toujours manifesté une politique prudente qui contrastait si vivement avec la folle témérité de l'usurpateur. Des démarches nombreuses, conduites en silence, ont amené une partie des résultats que nous voyons. Riche des épreuves d'une honorable adversité, n'ayant jamais fait couler les larmes ni le sang de son peuple, Louis XVIII le reçoit dans ses bras. Aux uns il donne le pardon; aux autres il garantit les jours de leurs enfans, l'honneur

de leurs familles, la prospérité du commerce
et la possession des champs paternels.

La persévérance de Louis XVIII, dans la
poursuite de ses droits, offre un trait de caractère qui le rend digne de terminer avec
éclat l'œuvre magnifique qu'il a conduite pendant vingt-quatre ans. Charles VII et Henri IV
eurent peut-être moins d'obstacles à vaincre.

Le comte d'Artois, aujourd'hui *Monsieur*,
parti de Paris dès l'origine de la révolution
pour préparer avec les puissances étrangères
un concert propre à arrêter le torrent, eut
des entrevues avec la plupart des grands monarques de l'Europe, et il parvint à les inté-
resser à la cause de Louis XVI, qui était
celle de tous les rois. Des négociations habi-
lement conduites par le cabinet français de
Coblentz, avaient armé en 1792, en faveur
de la véritable France, de la France fidèle
aux lois, l'Autriche, la Prusse et une partie
de l'Empire. *Monsieur* se montra alors dans
les camps ainsi qu'il s'était montré au camp
de Saint-Roch. Sa douleur se manifesta dans
les regrets qu'il adressa aux chevaliers de ses
compagnons d'armes, au moment d'un licen-
ciement commandé par la nécessité. Mais depuis, sans jamais perdre un instant de vue

le grand objet qui l'occupait, *Monsieur* par-
courut l'Europe, exalta la grande ame de
Catherine, excita l'estime de la cour de Londres et de la nation anglaise, et se montra
disposé plusieurs fois à seconder de sa personne les efforts des loyaux français. Si des
adversités imprévues et les moyens violens
employés par les tyrans de la France arrê-
tèrent des résolutions qui n'eussent servi qu'à
compromettre les partisans de la royauté,
Monsieur n'en continua pas moins à miner la
puissance de l'usurpateur; et le zèle qu'il excita en sa faveur, dans la nation anglaise,
doit être compté parmi les causes premières
des heureux évènemens dont nous sommes
les témoins. Dans la jeunesse de *Monsieur*,
on vantait ses grâces, sa libéralité; mais depuis que la patrie fut en danger, on remar-
qua bien davantage une activité infatigable
et un esprit toujours occupé de l'avenir.

Que dire du duc d'Angoulême, blessé en
couvrant de son corps un simple soldat, et
excitant, par sa seule présence, le peuple de
Bordeaux à briser le premier les chaînes de la
tyrannie?

Que dire de son auguste épouse, réunis-
sant dans sa personne l'attendrissement et le

respect profond dus à Louis XVI ; à son auguste épouse et à Louis XVII, cette fleur séchée sur sa tige avant d'être épanouie ?

Le prince de Condé, nourri dans les camps dès sa jeunesse, montra qu'il savait défendre ses droits par l'épée. Tant de français qui ont combattu sous ses drapeaux et sous ceux du duc de Bourbon et de l'infortuné duc d'Enghien, brûlent d'y rentrer, comme à l'école du véritable honneur. Voilà les premiers gages du bonheur des Français.

De la monarchie et de la constitution.

La force de la monarchie est moins dans son étendue que dans la bonne disposition de ses parties et dans l'étendue du pouvoir accordé au souverain pour faire le bien et arrêter le mal. Il faut que le monarque soit entouré de splendeur et qu'il ait la faculté de récompenser libéralement le mérite. C'est par ces moyens que la maison de Bourbon s'est entourée du respect des siècles. La constitution française était la volonté du roi discutée dans son conseil ; mais de cette volonté manifestée par une foule d'actes pleins de sagesse, était résulté une constitution réelle et adaptée au génie des Français ; constitution pour laquelle tant d'individus ont donné leur sang, parce qu'elle était devenue une seconde religion.

Voyons . ce qu'on a voulu mettre depuis vingt ans à la place de cette constitution, qui a eu tant de martyrs, sur-tout parmi les magistrats qui en étaient les gardiens.

La première assemblée a travaillé deux ans et demi à une constitution dite *monarchique*, et qui a conduit à l'assassinat du monarque et à la proscription des grands corps de l'état, regardés par-tout comme fondemens de la monarchie.

La convention a donné plusieurs constitutions : d'abord celle de fait renfermé dans les *lois révolutionnaires ;* ensuite celles que publièrent les différentes factions ; telle fut celle rédigée par Condorcet, qui fut victime de ses fausses doctrines ; telle fut celle des comités sous Robespierre, et enfin la constitution que le directoire exécutif mit en activité. Cette dernière constitution, quoique très long-temps discutée, rendit la France si malheureuse, qu'au bout de quatre ans elle fut renversée.

La constitution *consulaire,* après trois années, fut remplacée par la constitution impériale qui vient d'être annullée par un nouvel acte constitutionnel. Cette dernière constitution n'étant pas encore loi de l'Etat, peut être soumise à quelques observations.

La France est appelée à avoir, outre le monarque, deux chambres, dont l'une serait le sénat, et l'autre le corps législatif. — Voilà les bases ; mais on ne peut dissimuler que ces bases ne soient incomplètes sur une foule de rapports, et que les relations des chambres entr'elles et du monarque avec elles, ne soient point suffisamment déterminés.

Au sujet de l'article III, portant que la noblesse ancienne reprendra ses titres, èt *que la nouvelle conserve les siens hérédi-tairement*, il est permis d'observer que Buonaparte n'avait point *créé de noblesse* (1), qu'il n'avait conféré que des titres qui ne devenaient héréditaires que par l'établissement *d'un majorat*. Les titres étaient le plus souvent accordés en raison des fonctions, et non en raison des services. Or, on n'est pas noble

---

(1) Le fait est tellement vrai, qu'on arrêta par ses ordres l'impression d'un a'manach, intitulé : *Almanach de la noblesse*, et qu'on se borna à publier la liste de ceux qui avaient reçu des titres.

pour avoir des titres , par la même raison , qu'on peut être noble sans être titré.

On ne peut se dissimuler que beaucoup de personnes ont obtenu de Buonaparte des titres, dont le motif ni l'origine ne pourraient pas soutenir l'examen. Il semble que le roi devait être invité à rectifier , s'il y a lieu , d'après des rapports faits en son conseil, les titres donnés par Buonaparte.

La continuation de tous les traitemens et pensions accordés depuis la révolution, si on peut y faire face , sans manquer au paiement de la dette publique, qui est d'une nature bien plus sacrée, prouvera la richesse de la France.

La confirmation de la vente des domaines de la couronne et de la noblesse émigrée, offre un sujet sur lequel il a déjà été écrit beaucoup de choses tirées du Droit public et du Droit civil; et la position fâcheuse d'un grand nombre de ceux qui ont été dépouillés , est un argument encore plus fort que tout ce qui a été dit. Henri IV fut clément envers ses ennemis; mais il soutint avec chaleur la cause de ses amis. C'est un double modèle pour ses descendans. La récompense de la fidélité est la meilleure garantie du trône.

La légion d'*honneur* est maintenue d'après

les nouvelles constitutions, avec ses prérogatives ; mais le roi en déterminera la décoration. On sait avec quelle prodigalité et avec
quelle bisarrerie la croix d'*honneur* a été distribuée ; l'honneur des personnes ne corres-
pondit pas toujours à l'institution. On fit,
sans discussion de mérite, des nominations
dans tous les rangs de la société. Il en est de
même, à peu de chose près, de l'ordre de la
Réunion ou de l'*Union*. Les ordres de cheva-
lerie ne doivent pas être ainsi avilis. C'est une
monnoie que le moindre alliage fait tomber.
Le roi doit avoir le droit de reviser les nominations ainsi qu'il doit avoir celui de reviser
les titres. Au reste, l'institution des ordres
n'est pas du ressort de la constitution.

L'article V porte que les projets de loi
peuvent être également proposés dans le sénat et dans le corps-législatif. Ne devait-on
pas dire que la loi proposée au corps-législatif, et de là transmise à l'acceptation du sénat,
sera enfin soumise à la sanction du roi ?

L'article garde le silence sur un point de
la plus haute importance, c'est sur l'*initiative*
de la loi. Si elle n'est pas conservée au roi
exclusivement, on peut voir renaître des factions et des troubles.

Le *veto* accordé au roi n'est réel que dans le cas où il aura une puissance assez forte pour maintenir sa volonté.

L'article VI relatif au sort des sénateurs actuels, et au partage des biens et des séuato-reries existantes, a été suffisamment jugé par le public.

On a dû observer que, dans la constitution, on ne trouve rien sur la quotité de la somme réservée au souverain et à sa famille. Est-ce une latitude généreuse laissée au monarque-pour prendre tout ce qu'il jugera convenable à la splendeur du trône ? Mais, dans un temps d'aigreur et de faction, ne pourrait-on pas vouloir lui fixer sa dépense d'une manière mesquine ? Il semble que la constitution aurait dû dire formellement que le roi pourvoyait aux dépenses de la couronne et de sa famille, d'une manière digne de sa splendeur.

Il est a observer qu'une maison nouvelle appelée au trône, peut bien être soumise à une suite de conditions rigoureuses ; mais qu'il n'en est pas de même d'une maison en possession depuis des siècles, et qui rentre dans ses droits par le concours de l'Europe armée.

On a remarqué enfin que, dans cette cons-

titution , il y a fort peu d'articles *constitu-*
tionnels , c'est-à-dire peu de bases et de principes fondamentaux développés, mais beaucoup d'articles *personnels* , c'est-à-dire rela-
tifs aux biens, aux titres , et aux personnes
d'individus au sort duquel un acte constitutionnel ne doit pas prendre un intérêt aussi
marqué ; car il dégénérait en *transaction.*

On sent que tout ce qu'on vient de dire ,
n'est pas une critique, ayant pour objet d'at-
taquer les bases de la constitution ; mais se
borne à de simples observations tendantes à
l'améliorer , et à l'arracher au sort humiliant
et à la chûte rapide qu'ont éprouvées les constitutions précédentes.

On peut donc toujours se flatter que le
règne de Louis XVIII sera pour nous le commencement d'une ère plus pure. Une politique fondée sur la modération et le respect
des droits va siéger de nouveau dans le cabinet français ; et tous ses succès cesseront
d'appartenir au machiavélisme ou à l'épée.
Les bienséances publiques seront mieux ob-
servées, les intérêts de tous plus ménagés ,
et les propriétés plus respectées.

La restauration au-dedans consistera dans
le rétablissement de la monarchie et des Bour-

bons , de la religion et de ses ministres. La noblesse rentre dans ses droits imprescritibles ; la considération et les honneurs dûs à d'éclatans et perpétuels services. Les Rohan, les Montmorenci , les la Trémouille , les d'Harcourt , les Choiseul , les Brissac , les Lavauguyon , les d'Escars, les Polignac , les Levi , les Damas, les La Châtre, les Beauffremont , les Langeron , etc. , et tant d'autres vont voir renaître la gloire de leurs maisons.

La magistrature française , redevenue aussi intègre que désintéressée , servira comme autrefois d'exemple à celle des autres nations.

Les lettres, long-temps déshonorées par leurs flatteries , ou devenues muettes en présence d'un tyran , vont, sous un prince qui les cultiva avec succès , reprendre leur noble indépendance , et ne plus chanter que la vertu ou les actions louables.

Mais , sans se jeter dans l'avenir , déjà la France éprouve de grands bienfaits du retour de la maison de Bourbon sur le trône. Pense-t-on qu'elle n'ait pas contribué à amortir la vengeance des vainqueurs ? Et qui peut dire jusqu'où se fut porté le courroux de l'Europe provoquée, sans les égards que les souverains ont senti qu'ils devaient à la dynastie la plus ancienne , et dont la plupart n'avaient eu qu'à se louer ?

Le fléau de la conscription , qui n'était que la condamnation à la mort de la partie la plus florissante de la population , n'est - elle pas abolie ?

Les droits réunis , sans être supprimés encore légalement, se perçoivent avec plus de douceur. Enfin , l'espérance de la sécurité et tout ce qui donne un prix à la fortune ou en dédommage ne naissent-ils pas de toutes parts? et les grandes opérations du commerce et de l'industrie venant à leur suite , feront la clôture du drame sanglant de la révolution

FIN.